W0256677

Informatik – Fachberichte

Band 189: B. Wolfinger (Hrsg.), Vernetzte und komplexe Informatik-Systeme. Industrieprogramm zur 18. Jahrestagung der GI, Hamburg, Oktober 1988. Proceedings. X, 229 Seiten. 1988.

Band 190: D. Maurer, Relevanzanalyse. VIII, 239 Seiten. 1988.

Band 191: P. Levi, Planen für autonome Montageroboter. XIII, 259 Seiten. 1988.

Band 192: K. Kansy, P. Wißkirchen (Hrsg.), Graphik im Bürobereich. Proceedings, 1988. VIII, 187 Seiten. 1988.

Band 193: W. Gotthard, Datenbanksysteme für Software-Produktionsumgebungen. X, 193 Seiten. 1988.

Band 194: C. Lewerentz, Interaktives Entwerfen großer Programmsysteme. VII, 179 Seiten. 1988.

Band 195: I. S. Bátori, U. Hahn, M. Pinkal, W. Wahlster (Hrsg.), Computerlinguistik und ihre theoretischen Grundlagen. Proceedings. IX, 218 Seiten. 1988.

Band 197: M. Leszak, H. Eggert, Petri-Netz-Methoden und -Werkzeuge. XII, 254 Seiten. 1989.

Band 198: U. Reimer, FRM: Ein Frame-Repräsentationsmodell und seine formale Semantik. VIII, 161 Seiten. 1988.

Band 199: C. Beckstein, Zur Logik der Logik-Programmierung. IX, 246 Seiten. 1988.

Band 200: A. Reinefeld, Spielbaum-Suchverfahren. IX, 191 Seiten. 1989.

Band 201: A. M. Kotz, Triggermechanismen in Datenbanksystemen. VIII, 187 Seiten. 1989.

Band 202: Th. Christaller (Hrsg.), Künstliche Intelligenz. 5. Frühjahrsschule, KIFS-87, Günne, März/April 1987. Proceedings. VII, 403 Seiten, 1989.

Band 203: K. v. Luck (Hrsg.), Künstliche Intelligenz. 7. Frühjahrsschule, KIFS-89, Günne, März 1989. Proceedings. VII, 302 Seiten. 1989.

Band 204: T. Härder (Hrsg.), Datenbanksysteme in Büro, Technik und Wissenschaft. GI/SI-Fachtagung, Zürich, März 1989. Proceedings. XII, 427 Seiten. 1989.

Band 205: P. J. Kühn (Hrsg.), Kommunikation in verteilten Systemen. ITG/GI-Fachtagung, Stuttgart, Februar 1989. Proceedings. XII, 907 Seiten. 1989.

Band 206: P. Horster, H. Isselhorst, Approximative Public-Key-Kryptosysteme. VII, 174 Seiten. 1989.

Band 207: J. Knop (Hrsg.), Organisation der Datenverarbeitung an der Schwelle der 90er Jahre. 8. GI-Fachgespräch, Düsseldorf, März 1989. Proceedings. IX, 276 Seiten. 1989.

Band 208: J. Retti, K. Leidlmair (Hrsg.), 5. Österreichische Artificial-Intelligence-Tagung, Igls/Tirol, März 1989. Proceedings. XI, 452 Seiten. 1989.

Band 209: U. W. Lipeck, Dynamische Integrität von Datenbanken. VIII, 140 Seiten. 1989.

Band 210: K. Drosten, Termersetzungssysteme. IX, 152 Seiten. 1989.

Band 211: H. W. Meuer (Hrsg.), SUPERCOMPUTER '89. Mannheim, Juni 1989. Proceedings, 1989. VIII, 171 Seiten. 1989.

Band 212: W.-M. Lippe (Hrsg.), Software-Entwicklung. Fachtagung, Marburg, Juni 1989. Proceedings. IX, 290 Seiten. 1989.

Band 213: I. Walter, Datenbankgestützte Repräsentation und Extraktion von Episodenbeschreibungen aus Bildfolgen. VIII, 243 Seiten. 1989.

Band 214: W. Görke, H. Sörensen (Hrsg.), Fehlertolerierende Rechensysteme / Fault-Tolerant Computing Systems. 4. Internationale GI/ITG/GMA-Fachtagung, Baden-Baden, September 1989. Proceedings. XI, 390 Seiten. 1989.

Band 215: M. Bidjan-Irani, Qualität und Testbarkeit hochintegrierter Schaltungen. IX, 169 Seiten. 1989.

Band 216: D. Metzing (Hrsg.), GWAI-89. 13th German Workshop on Artificial Intelligence. Eringerfeld, September 1989. Proceedings. XII, 485 Seiten. 1989.

Band 217: M. Zieher, Kopplung von Rechnernetzen. XII, 218 Seiten. 1989.

Band 218: G. Stiege, J. S. Lie (Hrsg.), Messung, Modellierung und Bewertung von Rechensystemen und Netzen. 5. GI/ITG-Fachtagung, Braunschweig, September 1989. Proceedings. IX, 342 Seiten. 1989.

Band 219: H. Burkhardt, K. H. Höhne, B. Neumann (Hrsg.), Mustererkennung 1989. 11. DAGM-Symposium, Hamburg, Oktober 1989. Proceedings. XIX, 575 Seiten. 1989

Band 220: F. Stetter, W. Brauer (Hrsg.), Informatik und Schule 1989: Zukunftsperspektiven der Informatik für Schule und Ausbildung. GI-Fachtagung, München, November 1989. Proceedings. XI, 359 Seiten. 1989.

Band 221: H. Schelhowe (Hrsg.), Frauenwelt – Computerräume. GI-Fachtagung, Bremen, September 1989. Proceedings. XV, 284 Seiten. 1989.

Band 222: M. Paul (Hrsg.), GI – 19. Jahrestagung I. München, Oktober 1989. Proceedings. XVI, 717 Seiten. 1989.

Band 223: M. Paul (Hrsg.), GI – 19. Jahrestagung II. München, Oktober 1989. Proceedings. XVI, 719 Seiten. 1989.

Band 224: U. Voges, Software-Diversität und ihre Modellierung. VIII, 211 Seiten. 1989

Band 225: W. Stoll, Test von OSI-Protokollen. IX, 205 Seiten. 1989.

Band 226: F. Mattern, Verteilte Basisalgorithmen. IX, 285 Seiten. 1989.

Band 227: W. Brauer, C. Freksa (Hrsg.), Wissensbasierte Systeme. 3. Internationaler GI-Kongreß, München, Oktober 1989. Proceedings. X, 544 Seiten. 1989.

Band 228: A. Jaeschke, W. Geiger, B. Page (Hrsg.), Informatik im Umweltschutz. 4. Symposium, Karlsruhe, November 1989. Proceedings. XII, 452 Seiten. 1989.

Band 229: W. Coy, L. Bonsiepen, Erfahrung und Berechnung. Kritik der Expertensystemtechnik. VII, 209 Seiten. 1989.

Band 230: A. Bode, R. Dierstein, M. Göbel, A. Jaeschke (Hrsg.), Visualisierung von Umweltdaten in Supercomputersystemen. Karlsruhe, November 1989. Proceedings. XII, 116 Seiten. 1990.

Band 231: R. Henn, K. Stieger (Hrsg.), PEARL 89 – Workshop über Realzeitsysteme. 10. Fachtagung, Boppard, Dezember 1989. Proceedings. X, 243 Seiten. 1989.

Band 232: R. Loogen, Parallele Implementierung funktionaler Programmiersprachen. IX, 385 Seiten. 1990.

Band 233: S. Jablonski, Datenverwaltung in verteilten Systemen. XIII, 336 Seiten. 1990.

Band 234: A. Pfitzmann, Diensteintegrierende Kommunikationsnetze mit teilnehmerüberprüfbarem Datenschutz. XII, 343 Seiten. 1990.

Band 235: C. Feder, Ausnahmebehandlung in objektorientierten Programmiersprachen. IX, 250 Seiten. 1990.

Band 236: J. Stoll, Fehlertoleranz in verteilten Realzeitsystemen. IX, 200 Seiten. 1990.

Band 237: R. Grebe (Hrsg.), Parallele Datenverarbeitung mit dem Transputer. Aachen, September 1989. Proceedings. VIII, 241 Seiten. 1990.

Band 238: B. Endres-Niggemeyer, T. Hermann, A. Kobsa, D. Rösner (Hrsg.), Interaktion und Kommunikation mit dem Computer. Ulm, März 1989. Proceedings. VIII, 175 Seiten. 1990.

Band 239: K. Kansy, P. Wißkirchen (Hrsg.), Graphik und KI. Königswinter, April 1990. Proceedings. VII, 125 Seiten. 1990.

Informatik-Fachberichte 284

Herausgeber: W. Brauer
im Auftrag der Gesellschaft für Informatik (GI)

Rolf Stadler

Ausführbare Spezifikation von Directory-Systemen in einer logischen Sprache

Springer-Verlag Berlin Heidelberg GmbH

Autor

Rolf Stadler
Universität Zürich-Irchel, Institut für Informatik
Winterthurerstraße 190, CH-8057 Zürich

CR Subject Classification (1991): C.2.1, D.2.1, D.1.6, C.2.4

ISBN 978-3-540-54546-0   ISBN 978-3-662-05930-2 (eBook)
DOI 10.1007/978-3-662-05930-2

Satz: Reproduktionsfertige Vorlage vom Autor

2133/3140-543210 – Gedruckt auf säurefreiem Papier

Vorwort

Die vorliegende Arbeit entstand während meiner Tätigkeit als Assistent am Institut für Informatik der Universität Zürich und wurde von den Professoren K. Bauknecht von der Universität Zürich und B. Plattner von der ETH Zürich betreut. Beide gewährten mir jederzeit grosszügige Unterstützung für meine Arbeit, wofür ich ihnen an dieser Stelle herzlich danke.

Die Arbeit ist aus einem Forschungsprojekt über Directory-Systeme hervorgegangen, das von Prof. Bauknecht und Prof. Plattner initiiert und von der KWF (Kommission zur Förderung der wissenschaftlichen Forschung in der Schweiz), den Schweizerischen PTT, Alcatel STR sowie Digital Equipment Corp. unterstützt wurde. Im Rahmen dieses Projektes wurden mehrere Studentenarbeiten verfasst, deren Ergebnisse in diese Arbeit einflossen. Erwähnen möchte ich die Beiträge von Philipp Grosjean, Pascal Burkhardt und René Schaad.

Ich bedanke mich besonders bei Norbert Fuchs, Markus Fromherz und Christoph Draxler vom Institut für Informatik der Universität, sowie bei Cuno Lanz, Andreas Zogg, Thomas Walter und Hannes Lubich von der Fachgruppe Kommunikationssysteme der ETH Zürich für anregende Diskussionen und Vorschläge. Bei der Durchsicht des Textes in fachlicher und sprachlicher Hinsicht waren mir zudem Hendrik Decker und Jens Hanker behilflich.

Diese Arbeit wurde im Wintersemester 90/91 von der Philosophischen Fakultät II der Universität Zürch als Dissertation angenommen.

Zürich, im Juni 1991
Rolf Stadler

Zusammenfassung

Directory-Systeme sind spezialisierte verteilte Computersysteme. Sie verwalten Daten für andere verteilte Systeme und bieten auf diese Weise Hilfsdienste für Rechnernetze an. In erster Linie werden Directory-Systeme für Auskunftsdienste benutzt. Mögliche Anwendungen sind die Realisierung verteilter elektronischer Telefonbücher oder die Verwaltung von Benutzerverzeichnissen für elektronische Meldungsübermittlungssysteme.

Die Darstellung von Directory-Systemen in der aktuellen Literatur ist unbefriedigend. Es fehlt eine Methode, die eine exakte Beschreibung und damit eine Spezifikation der Architektur solcher Systeme ermöglicht, die das Erstellen gut lesbarer und kompakter Darstellungen erlaubt und die zudem auf einer deklarativen, ausführbaren Sprache basiert.

Dieser Arbeit liegt der Ansatz zugrunde, Architekturen von Directory-Systemen mit Hilfe einer ausführbaren logischen Sprache zu spezifizieren. Als Basis dieser Sprache bietet sich Prolog als die zurzeit am meisten verbreitete, ausführbare logische Sprache an.

Die Architektur eines Directory-Systems wird als konzeptionelles Modell definiert, welches die "wesentlichen Merkmale" eines solchen Systems enthält. Dieses Modell lässt sich in unabhängige Teilmodelle gliedern, nämlich in das Informationsmodell, das Modell der Gliederung des Systems, die Strategie der Verteilung der Objekte, das Modell der Metadaten und das Modell der Sicherheitsmechanismen. Diese modulare Definition, zusammen mit einer zugehörigen Terminologie, bildet einen Raster zur Spezifikation und Klassifikation von Directory-Systemen.

Eine Spezifikationsmethode zur Beschreibung einer Architektur wird in dieser Arbeit vorgestellt. Dazu gehören die Festlegung einer Spezifikationssprache, die Angabe einer Abbildung der Architektur in diese Sprache und das Aufzeigen von Vorgehensweisen bei der Spezifikation.

Als Spezifikationssprache dient die Sprache der Hornklausellogik, welche durch Negation erweitert wird. Die Vervollständigung eines logischen Programms bildet die Basis für die deklarative Semantik, und die SLDNF-Resolution bestimmt die prozedurale Semantik der Spezifikationen. Die Spezifikationssprache wird durch das "reine Prolog", erweitert um ein Systemprädikat für die Negation, dargestellt. Damit sind die erstellten Spezifikationen ausführbar.

In der Arbeit werden eine von D.B. Terry entwickelte Architektur und die Architektur des internationalen Standards X.500 spezifiziert. Dabei zeigen sich die Vorteile der vorgeschlagenen Methode: Die Spezifikationen sind im Vergleich zu den bekannten Darstellungen dieser Architekturen kompakter und wesentlich besser lesbar. Zudem sind sie exakt, deklarativ und ausführbar.

Erfahrungen bei der Anwendung der Methode zeigen, dass Spezifikationen oft schrittweise entwickelt werden können. Ein Beispiel dazu ist die Herleitung der Namensauflösung eines Directory-Systems aus Prädikaten, welche die Verteilung der Objekte im System bestimmen. Vielfach lässt sich ein Merkmal einer Architektur auf einzelne Klauseln eines Prädikats abbilden, was in hohem Mass zur Modularität und Übersichtlichkeit einer Spezifikation beiträgt. Ein solches Merkmal ist das Alias-Konzept der X.500-Architektur, das sich in wenigen Klauseln lokalisieren lässt.

Die Eigenschaft der Ausführbarkeit einer Spezifikation erweist sich als vielseitig anwendbar. So lässt sich ein Directory-System, dessen Architektur in der Spezifikationssprache dargestellt und dessen Konfiguration in dieser Sprache angegeben ist, in einer Prolog-Umgebung simulieren. Die Tatsache, dass die Spezifikation eines Directory-Systems ein ausführbares Modell dieses Systems darstellt, kann zur Präsentation und zur Überprüfung (Verifikation, Validierung) der Architektur eingesetzt werden. Ausserdem eröffnen sich neue Möglichkeiten für die Entwicklung einer Architektur, beispielsweise nach dem Ansatz des "explorativen Prototyping".

Inhalt

1 Einführung

Directory-Systeme sind spezialisierte verteilte Computersysteme. Sie verwalten Daten für andere verteilte Systeme und bieten auf diese Weise Hilfsdienste für Rechnernetze an. In erster Linie werden Directory-Systeme für Auskunftsdienste genutzt. Mögliche Anwendungen sind die Realisierung verteilter elektronischer Telefonbücher oder die Verwaltung von Benutzerverzeichnissen von elektronischen Meldungsübermittlungssystemen. Die ersten Directory-Systeme wurden anfangs der 80er Jahre in den USA gebaut. Das Forschungsgebiet "Directory-Systeme" ist also relativ jung. Es wird von Erkenntnissen aus dem Bereich der Rechnernetze, der verteilten Systeme und der Datenbanken beeinflusst.

Strukturelle und konzeptionelle Merkmale eines Directory-Systems bestimmen dessen *Architektur*.

Ist die *Beschreibung* oder Darstellung der Architektur *ausführbar*, lässt sich ein Directory-System mit der beschriebenen Architektur simulieren. Dies ermöglicht beispielsweise, Entwurfsentscheidungen zu überprüfen und die Beschreibung zu verifizieren.
In der aktuellen Literatur findet man Beschreibungen von vorgeschlagenen oder bereits realisierten Directory-Systemen, bei denen Aspekte der Architektur in natürlicher Sprache, in einer (prozeduralen) Programmiersprache (oder Pseudocode) oder mit Hilfe strukturierter Diagramme dargestellt werden. Meist werden mehrere unterschiedliche Darstellungsmittel nebeneinander eingesetzt.

Die Wahl ungeeigneter Darstellungsmittel führt oft zu Nachteilen der Beschreibungen. Diese sind vielfach zuwenig exakt, wenn sie in natürlicher Sprache abgefasst sind. Sie sind oft schlecht lesbar, wenn eine komplexe Beschreibungssprache verwendet wurde, und sie sind meist nicht ausführbar. Zudem sind die funktionalen Aspekte einer Architektur in der Regel nicht deklarativ, sondern prozedural in Form von Abläufen beschrieben, was i.a. unnötige Restriktionen an die Implementation eines Systems stellt.

Es fehlt eine Methode, die eine exakte Beschreibung und damit eine *Spezifikation* der Architektur ermöglicht, welche das Erstellen gut lesbarer und kompakter Darstellungen erlaubt, und die zudem auf einer deklarativen, ausführbaren Sprache basiert.

Diese Überlegungen motivieren den Ansatz, Architekturen von Directory-Systemen mit Hilfe einer ausführbaren logischen Sprache zu spezifizieren. Dabei bietet sich *Prolog* als die zur Zeit am meisten verbreitete, ausführbare logische Sprache an. Prolog besitzt eine einfache Syntax, eine wohldefinierte Semantik und eine mächtige Ausdrucksfähigkeit.

Gegenstand dieser Arbeit sind Architekturen von Directory-Systemen, deren Beschreibung mit Hilfe einer Prolog-basierten logischen Sprache und die Eigenschaften solcher Spezifikationen.

1.1 Directory-Systeme

Grosse Rechnernetze mit Hunderten bis Tausenden von zusammengeschlossenen Rechnern sind seit den späten 60er Jahren bekannt, als in den USA das ARPANET [McQuillan, Walden 77] aufgebaut wurde. In den letzten 20 Jahren sind weltweit Dutzende solcher grosser verteilter Computersysteme, die sich vielfach geographisch überlappen, realisiert worden.

Einige multinationale Firmen verfügen über weltumspannende private Rechnernetze. Die meisten weltumspannenden Netze sind jedoch Forschungsnetze, welche Hochschulen oder andere wissenschaftliche Zentren untereinander verbinden. Einen guten Überblick über die grossen Forschungsnetze findet man in [Quarterman, Hoskins 86] und [Quarterman 90].

Globale Rechnernetze bieten ihren Benutzern Dienste wie den Austausch elektronischer Meldungen (Electronic Mail, E-Mail), den Zugriff auf nichtlokale Files (FTAM: File Transfer, Access and Manipulation), interaktiven Zugang zu Rechnern im Netz (VT: Virtual Terminal) oder das Ausführen von Befehlen auf nichtlokalen Rechnern (JTM: Job Transfer and Manipulation) an. In jüngster Zeit werden die genannten Dienste dahingehend erweitert, dass das gesamte Netz dem Benutzer als ein einziges Computersystem erscheint und Aspekte der Verteilung für ihn nicht mehr sichtbar sind.

Nationale Netze werden vielfach zu grösseren globalen Netzen zusammengeschlossen. Dabei treten Probleme auf, deren Ursache daher rührt, dass die Dienste verschiedener Netze oft nicht dieselbe Funktionalität aufweisen und unterschiedliche Protokolle zum Austausch von Information verwenden. Auch die verschiedenen Konventionen, nach denen Objekte (z.B. Benutzer oder Rechner) in verteilten Systemen identifiziert werden, erschweren die Verbindung von Rechnernetzen.

Ein Weg zur Lösung dieser Probleme, der zur Zeit beschritten wird, weist in Richtung der Standardisierung von Diensten und Protokollen. Auf der Basis des OSI-Referenzmodells [X.200] stellen internationale Standardisierungsorganisationen wie ISO (International Organization for Standardization) und CCITT (Comité Consultatif International Télégraphique et Téléphonique) weitgehend gemeinsame Empfehlungen für die Kommunikation offener Systeme auf. Der Standardisierungsprozess ist zurzeit im Gang, und speziell für die tieferen Schichten des Referenzmodells existieren bereits stabile und ausgereifte Standards. Es scheint, dass sich die OSI-Protokolle für grosse, heterogene Rechnernetze durchsetzen werden. Heute verwenden viele Netze diese Protokolle, und es werden Migrationsstrategien von anderen Kommunikationsarchitekturen zu OSI-konformen Diensten und Protokollen diskutiert.

Das Problem der unterschiedlichen Identifikation von Objekten kann ebenfalls durch eine einheitliche Konvention, die für alle zusammengeschlossenen Rechnernetze Gültigkeit hat, angegangen werden. Zusätzlich aber müssen die Objektdaten von allen beteiligten Netzen aus zugreifbar sein. Das heisst, die Objekte müssen in einem netzübergreifenden *Directory-System* (directory system, naming system) verwaltet werden.

Am Beispiel eines Meldungsübermittlungssystems wird nun aufgezeigt, welche Objekte in einem verteilten System sinnvollerweise von einem Directory-System verwaltet werden. In Fig. 1.1 ist eine einfache Konfiguration eines X.400-Meldungsübermittlungssystems [X.400] dargestellt.

Zunächst sind die Kommunikationsteilnehmer, nämlich Sender und Empfänger von Meldungen (das können Personen oder Prozesse sein), als Objekte modelliert. Auch eine Gruppe von Personen kann durch ein Objekt im System dargestellt werden, was Formen von Gruppenkommunikation ermöglicht. Andere Klassen von Objekten bilden die Benutzeragenten (UA), welche die "elektronischen Briefkästen" repräsentieren, und die Meldungsübermittlungsagenten (MTA), welche die Funktion von "elektronischen Postämtern" wahrnehmen und die Meldungen von Sender-UA zu Empfänger-UA leiten. Schliesslich ist es sinnvoll, die Rechner, auf denen die Komponenten (UA oder MTA) arbeiten, als Objekte darzustellen und in einem Directory-System zu verwalten.

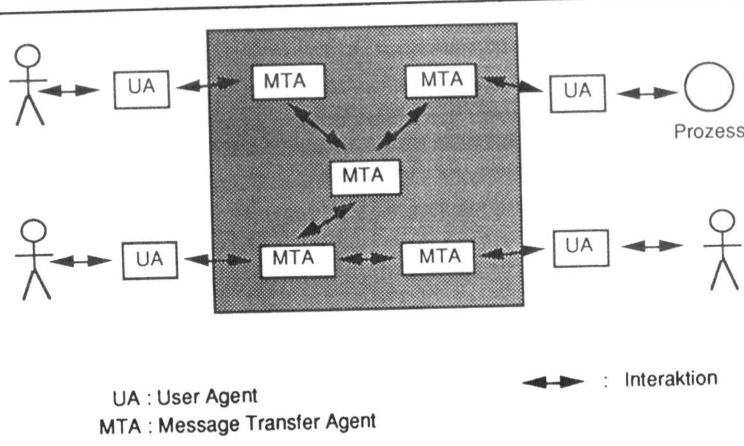

Fig. 1.1: Objekte eines X.400-Meldungsübermittlungssystems

Aus dem obigen Beispiel ist ersichtlich, dass bei der Modellierung eines verteilten Systems eine Vielzahl von Objektklassen verwendet wird. Werden die Objekte einheitlich identifiziert und ist die Objektinformation in einem Directory-System zugänglich, so werden Entwicklung, Betrieb und Zusammenschluss von E-Mail-Netzen wesentlich erleichtert.

Der menschliche Benutzer des E-Mail-Dienstes ist vor allem am Verzeichnis der Sender- und Empfängerobjekte und an deren Adressen interessiert. Für ihn ist das Directory-System eine Art elektronisches Telefonbuch. Für Organisationen, welche das System betreiben, ist z.B. die Kenntnis der einzelnen Komponenten, deren Konnektivität und Funktionalität von Interesse.

Objekte in verteilten Systemen werden durch *Namen* identifiziert. Directory-Systeme verwalten also benannte Objekte. Häufig werden Directory-Systeme dazu benutzt, Namen von Objekten auf *Adressen*, welche das Objekt im System lokalisieren, abzubilden. Ein

Beispiel dafür ist die Abbildung des Namens einer Person auf die E-Mail-Adresse des entsprechenden Benutzeragenten (UA). Die Operation, welche die Abbildung von Objektnamen auf die von Servern gespeicherten Objektdaten vornimmt, wird *Namensauflösung* genannt.

Die Objekte, welche ein Directory-System speichert, sind Abstraktionen "realer" Objekte. Es werden also nicht UA oder MTA verwaltet, sondern Modelle davon, was Auswirkungen auf die Aktualität der Daten haben kann. Ändert sich die Adresse eines UA, so muss explizit eine Mutation auf dem Directory ausgeführt werden. Das Directory-System ist nur für die Konsistenz der gespeicherten Objekte untereinander, nicht aber für die Übereinstimmung der gespeicherten mit den "realen" Objekten verantwortlich.

Directory-Systeme können, wie gezeigt, zur Unterstützung von Telekommunikationsdiensten eingesetzt werden. Eine häufige Aufgabe ist die Lokalisierung von Ressourcen in einem verteilten System. In dieser Eigenschaft bieten sie Hilfsdienste für verteilte Applikationen an. Directory-Systeme eignen sich auch zur Unterstützung des Managements von Rechnernetzen oder zur Realisierung der Authentifikation von Benutzer und System beziehungsweise von Systemkomponenten untereinander.

Typischerweise setzt sich die Kommunikationsumgebung, in welcher ein Directory-System realisiert ist, aus privaten LAN (Local Area Networks) zusammen, die durch öffentliche Telematikdienste zu WAN (Wide Area Networks) zusammengekoppelt sind. Meist zeigen sich eklatante Unterschiede der beiden Netzwerktypen bezüglich des Datendurchsatzes: Ein LAN (z.B. ein Ethernet oder ein anderes IEEE 802-basierendes System) unterstützt eine Datenrate in der Grössenordnung von 1-100 Mb/s, während öffentliche Dienste (z.B. X.21, X.25, ISDN) Datenraten in der Grössenordnung 1-100 Kb/s anbieten. Somit ergibt sich für ein Directory-System das Bild eines lose gekoppelten Systems, das in Teilsysteme gegliedert ist. Die einzelnen Teilsysteme werden meist von unterschiedlichen Organisationen betrieben und sind administrativ weitgehend autonom.

Aus den bisherigen Überlegungen lässt sich eine Charakterisierung von Directory-Systemen gewinnen, die folgende Punkte umfasst:

- *Directory-Systeme* verwalten die bezüglich Benutzung oder Betrieb relevanten Objekte von verteilten Systemen.

- Directory-Systeme sind unabhängige spezialisierte Systeme. Sie werden von anderen Systemen für Auskunftsdienste genutzt. Ihre Hauptaufgabe besteht darin, Namen von Objekten auf deren Netzadressen abzubilden.

- Directory-Systeme sind globale verteilte Systeme. Sie sind in lose gekoppelte Föderationen von autonomen Teilsystemen gegliedert.

Die ersten Directory-Systeme, welche die heutigen Forschungsaktivitäten beeinflussen, sind Anfang bis Mitte der 80er Jahre konzipiert und gebaut worden. Zu erwähnen sind in diesem Zusammenhang die Systeme Grapevine ([Birrel et al. 82], [Schroeder et al. 84]), Clearinghouse [Oppen, Dalal 83] und das ARPA Domain Name System [Mockapetris 84]. In jüngster Zeit wurden von ISO und CCITT gemeinsame Standards für Directory-Systeme, die unter dem Namen X.500 bekannt sind [X.500], erarbeitet. Erste kommerzielle X.500-Systeme sind angekündigt.

Das Vorliegen internationaler Standards für Directory-Systeme macht diese als Gegenstand der Forschung nicht uninteressant. Denn abgesehen davon, dass die X.500-Empfehlungen in Einzelheiten unvollständig, inkonsistent und schlecht lesbar sind, gibt es wichtige architekturielle Aspekte, die in der aktuellen Fassung des Standards (X.500(88)) ausgeklammert sind.

1.2   Spezifikation von Directory-Systemen

In diesem Abschnitt werden Methoden, die zurzeit für die Beschreibung von Architekturen von Directory-Systemen verwendet werden, vorgestellt, mit unseren Anforderungen an eine Spezifikationsmethode verglichen, und unser eigener Ansatz wird motiviert.

Unter der *Spezifikation der Architektur* eines Directory-Systems verstehen wir eine Beschreibung der Architektur mit Hilfe einer formalen Sprache. In diesem Sinne ist eine Spezifikation eine *exakte* Beschreibung.

1.2.1   Unsere Anforderungen an eine Spezifikationsmethode

Wir fordern, dass eine Spezifikationsmethode zur Beschreibung der Architektur von Directory-Systemen die folgenden Eigenschaften aufweist:

(1)   Die Spezifikationsmethode soll sich auf eine formale Notation oder Sprache abstützen, um die Erstellung *exakter* Beschreibungen zu ermöglichen.

(2)   Die Methode soll es erlauben, uns interessierende Teile der Architektur eines Directory-Systems in *kompakter* und übersichtlicher Form darzustellen. Wir stellen uns vor, dass man die einzelnen Ausschnitte einer Architektur mit "Bleistift und Papier (und Gummi!)" darstellen bzw. entwerfen kann.

(3)   Die Spezifikationsmethode soll es ermöglichen, für einen grösseren Kreis von interessierten Personen *lesbare* Spezifikationen zu entwickeln. Dies bedingt, dass die Syntax der Spezifikationssprache einfach ist und deren Semantik auf wenigen Konzepten beruht. (Wir sind uns allerdings bewusst, dass die Bewertung der Lesbarkeit einer Spezifikation subjektiv ist, abhängig von der Vorbildung und den Präferenzen des Lesers.)

(4)   Die erstellten Spezifikationen sollen *deklarativ* sein. Darunter verstehen wir, dass jeder abgeschlossene Ausschnitt aus einer Beschreibung für sich betrachtet und verstanden werden kann, indem er einen Sachverhalt unabhängig vom Kontext und einer

bestimmten Ausführung beschreibt. Diese Forderung bezieht sich primär auf die Beschreibung des *Verhaltens* eines Directory-Systems, das heutzutage meist prozedural, d.h. durch die Darstellung von Abläufen, festgelegt wird.
Ein Ausschnitt aus einer Spezifikation, der in einer prozeduralen Sprache abgefasst ist, muss in der Regel im Zusammenhang mit anderen Teilen der Spezifikation betrachtet werden. Eine prozedurale Spezifikation wird gelesen, indem man sie mit Hilfe eines abstrakten Zustandsautomaten gedanklich interpretiert, wohingegen eine deklarative Spezifikation durch deren statische Analyse verstanden wird. Kurz gesagt, drückt eine deklarative im Gegensatz zu einer prozeduralen Spezifikation das "Was" und nicht das "Wie" eines Sachverhalts aus.

(5) Die erstellten Spezifikationen sollen *ausführbar* sein. Damit eröffnen sich Möglichkeiten der Verifikation einer Spezifikation (Überprüfung der internen Konsistenz), der Validierung (Überprüfung der Spezifikation gegenüber den Anforderungen) und der Simulation eines Systems mit der spezifizierten Architektur.

1.2.2 Heute verwendete Spezifikationstechniken

Die meisten Veröffentlichungen, in denen Aspekte von Directory-Systemen dargestellt sind, enthalten keine formalen Beschreibungen. Technische Einzelheiten sind in natürlicher Sprache erklärt und durch graphische Darstellungen verdeutlicht. Beschreibungen dieser Art sind in der Regel weniger präzis als formale Darstellungen, dafür aber besser lesbar.

Nachfolgend werden drei Beispiele von Architekturbeschreibungen aus der aktuellen Literatur besprochen, bei denen (teilweise) formale Notationen verwendet worden sind. Diese Beispiele repräsentieren die Bandbreite der heute gebräuchlichen Methoden zur Spezifikation der Architektur eines Directory-Systems. Dabei handelt es sich um zwei Arbeiten aus der Forschungsliteratur ([Terry 85], [Neufeld 87]) und den aktuellen internationalen Standard für Directory-Systeme [X.500].

	[Terry 85]	[Neufeld 87]	[X.500]
Daten	MESA	mathematische Notation	ASN.1
Operationen	MESA	Pseudocode	Ablaufdiagramme, natürliche Sprache
Kommunikations-dienste	Schnittstelle in MESA, Semantik in natürlicher Sprache	Schnittstelle in Pseudocode, Semantik in natürlicher Sprache	"Abstract Service"-Konzept der OSI-Anwendungsschicht

Tab. 1.2: Darstellung der Architekturen von Directory-Systemen in der aktuellen Literatur

Aus Tab. 1.2 ist ersichtlich, auf welche Weise die Struktur von Daten (z.B. Namen oder Objekte), die Operationen (z.B. Directory-Dienste oder die Namensauflösung) und die Dienste des Kommunikationssystems in den erwähnten Arbeiten beschrieben sind.

In seiner Dissertation hat D.B. Terry [Terry 85] eine Architektur angegeben, die man als Weiterentwicklung der Architekturen von Grapevine ([Birrel et al. 82], [Schroeder et al. 84]) und Clearinghouse [Oppen, Dalal 83] betrachten kann. Terry hat die Daten und die Operationen in der Sprache MESA angegeben. MESA ist eine, mit Modula 2 verwandte, prozedurale Programmiersprache, die z.B. als Implementationssprache für das Grapevine-System diente. Fig. 1.3 zeigt einen Ausschnitt aus der Spezifikation der Namensauflösung der Architektur, welche in MESA abgefasst ist.

```
Resolve: PROCEDURE[context: ContextName, name: Name] Returns [ConfigTuple, NETADDRESS] =
BEGIN
            tuple: ConfigTuple;
            address: NETADDRESS;
            binding: ContextBindingData;
            authorities: AuthoritiesData;
            server: ServerName;
            tuple ← Cluster.Query[context, name];
            IF tuple.attribute = "ContextBinding" THEN BEGIN
                binding ← LOOPHOLE[tuple.value, ContextBindingData];
                authorities ← FindContext[context, binding.newContext];
                server ← SelectServer[authorities];
                IF server = myself THEN
                    [tuple, address] ← Resolve[binding.newContext, binding.newName[name]]
                ELSE
                    address ← LocateServer[server];
            END;
            RETURN[tuple, address];
    END;
```

Fig. 1.3: Ausschnitt aus der Spezifikation der Namensauflösung in [Terry 85]

Als zweites Beispiel der Darstellung einer Architektur dient eine Arbeit von G. Neufeld. Dieser hat in seiner Dissertation [Neufeld 87] eine Architektur für ein Directory-System mit einer deskriptiven Namenskonvention vorgestellt (siehe Kapitel 2). Diese Architektur weist viele Gemeinsamkeiten mit derjenigen von X.500 auf, beispielsweise bezüglich der Strukturierung und der Partitionierung des Objektraumes. Neufeld benutzt eine mathematische Notation, um die Struktur der Daten anzugeben, was ihm erlaubt, gewisse Eigenschaften des Informationsmodells formal zu beweisen. Die Operationen der Architektur sind in Pseudocode spezifiziert. Zur Illustration ist ein Teil der Spezifikation der Namensauflösung in Fig. 1.4 aufgeführt.

```
Resolve (name, types, [partition]) returns (object, resultCode, [partitionsToResolve])

        if partition is omitted then partition ← nil end
        (object, partitionsToResolve, resultCode) ← LocalResolve(name, partition, types)
        if partitionsToResolve = nil then return (object, resultCode) end

        if chaining not possible then return (object, resultCode, partitionsToResolve) end

        previousObject ← object
        for each partition root pᵢ ∈ partitionsToResolve do
            server ← selectedServer(pi)
            if resultCode = REGISTRY_REMOTE then pᵢ ← nil
            at server
                (object, resultCode, morePartitions) ← Resolve(name, types, pᵢ)
            if resultCode = AMBIGUOUS then return (nil, AMBIGUOUS) end

            if object ≠ nil and previousObject ≠ nil then
                return(nil, AMBIGOUS)
            end

            partitionsToResolve ← partitionsToResolve ∪ morePartitions
            if previousObject = nil then previousObject ← object end
        end

        if previousObject ≠ nil then
            return(previousObject, FOUND)
        else
            return(nil, NOTFOUND)
        end

    end Resolve
```

Fig. 1.4: Ausschnitt aus der Spezifikation der Namensauflösung in [Neufeld 87]

Die X.500-Empfehlungen sind ein internationaler Standard für Directory-Systeme
[X.500]. Darin ist die Definition der Architektur eines Directory-Systems, die sogenannte
X.500-Architektur, enthalten. Die Datenstrukturen dieser Architektur sind mittels der Da-
tendefinitionssprache ASN.1 [X.208] dargestellt. Die Funktionalität des Systems ist in den
Empfehlungen durch verschachtelte Ablaufdiagramme, die mit erläuterndem Text versehen sind, beschrieben. Fig. 1.5 enthält einen Ausschnitt aus der Definition der Namensauflösung und vermittelt einen Eindruck von dieser Art der Spezifikation.

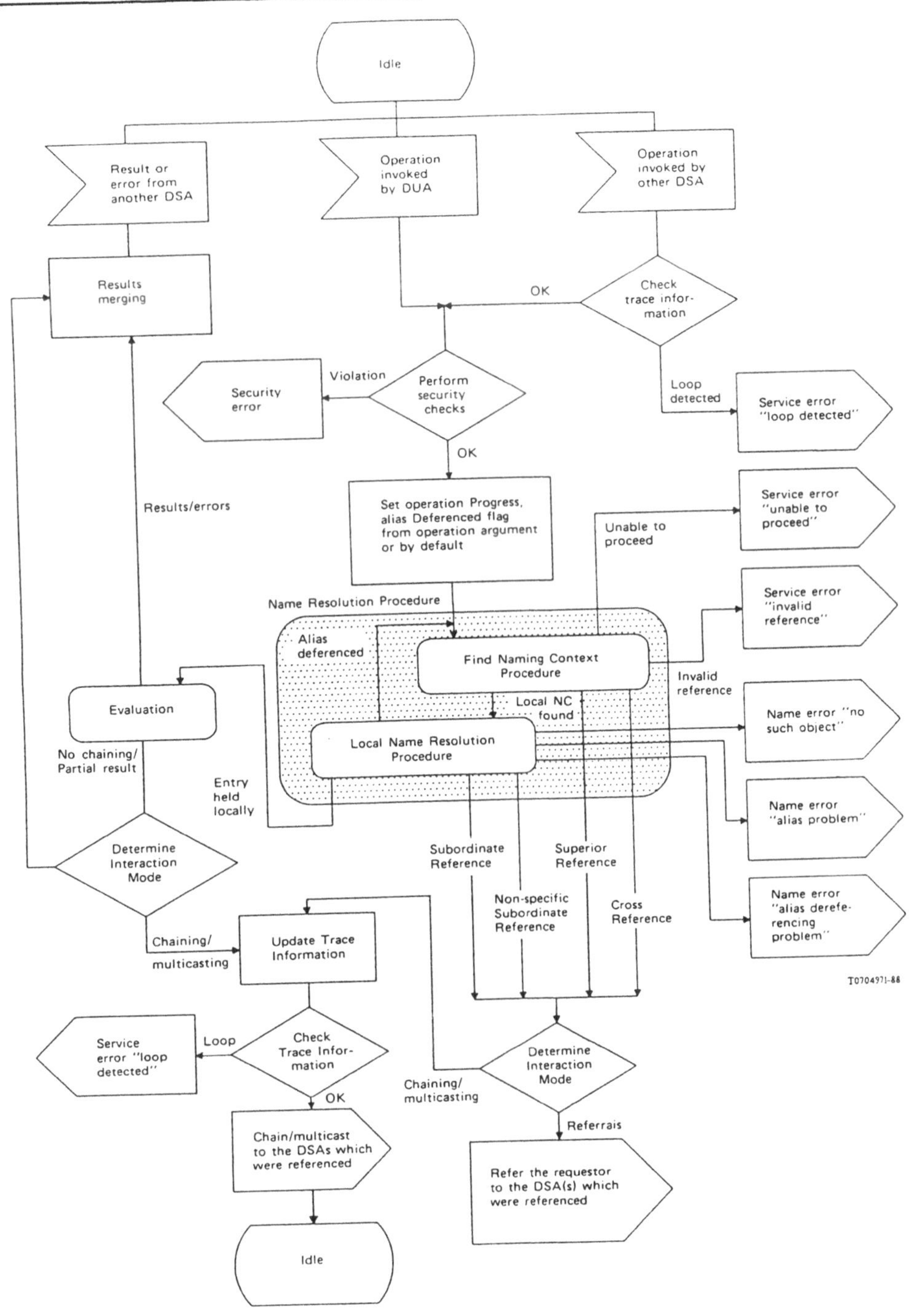

Fig. 1.5: Ausschnitt aus der Spezifikation der Namensauflösung in [X.500]

1.2.3 Vergleich mit unseren Anforderungen

Im folgenden wird dargelegt, warum die in der zitierten Literatur verwendeten Spezifikationstechniken unseren Anforderungen nicht oder nur teilweise genügen.

Die Sprache MESA, die Terry in seiner Arbeit [Terry 85] benutzt, ist exakt (wir setzen voraus, dass die Syntax und Semantik von MESA sauber definiert sind), ermöglicht das Erstellen relativ kompakter Spezifikationen und ist ausführbar. Die Tatsache, dass MESA eine Implementations- und keine Spezifikationssprache ist, stellt sich als Schwachpunkt in Terrys Beschreibung heraus. Einerseits findet dadurch eine zu frühe Festlegung auf Implementationsdetails statt, und andererseits wird das Erstellen und Lesen einer Spezifikation unnötig erschwert. Ein Hinweis darauf ist das Vorkommen sprachspezifischer Konstrukte wie LOOPHOLE (Fig. 1.3) in der Spezifikation. Diese Konstrukte sind lediglich für die Ausführbarkeit, nicht aber für das Verständnis einer Spezifikation notwendig. (LOOPHOLE beispielsweise dient der Konversion von Datentypen.)

Die Spezifikationen bei Neufeld [Neufeld 87] sind sehr kompakt. Dies ist vor allem auf die Verwendung von Pseudocode zurückzuführen, einer Art idealisierter Programmiersprache ohne "syntaktischen Ballast". Neufeld verzichtet allerdings auf die Definition der Pseudocode-Sprache, da er sich (dies seine Begründung) auf Standardkonstrukte prozeduraler Programmiersprachen abstützt. Der grosse Nachteil seiner Spezifikationstechnik besteht darin, dass seine Beschreibungen nicht ausführbar sind. (Um ein Directory-System mit seiner Architektur zu simulieren, musste Neufeld einen Teil der Architektur codieren. Er tat dies in der Sprache C auf einem Unix-System.)

Die Spezifikationstechnik, welche in den X.500-Empfehlungen [X.500] zur Beschreibung der Directory-Operationen verwendet wurde, ist mit vielen Nachteilen verbunden. Die Ablaufdiagramme mit zugehörigen Erklärungen, mit deren Hilfe die Funktionalität des Systems spezifiziert ist, sind schlecht lesbar und (als mögliche Folge davon) teilweise ungenau. Mehrere kleine Fehler und Unklarheiten haben sich in diejenigen Teile der Empfehlungen eingeschlichen, welche das Verhalten des Systems spezifizieren. Mit der ungenau beschriebenen Funktionalität der Systemkomponenten ist auch die davon abhängige prozedurale Semantik der Directory-Operationen nicht exakt festgelegt. Dies ist ungünstig, da auf der Basis der Empfehlungen zurzeit vielerorts an Implementationen der X.500-Architektur gearbeitet wird.[1] Die angesprochenen Teile der X.500-Empfehlungen sind nicht in einer ausführbaren Sprache verfasst, was ein weiterer Nachteil dieser Spezifikationsmethode ist.

Unsere Beurteilung der aufgeführten Spezifikationstechniken ist in Tab. 1.6 zusammengefasst. Daraus geht hervor, dass keine der Spezifikationstechniken unsere Anforderungen (vollständig) erfüllt, und dass insbesondere in keiner Spezifikation das Verhalten eines Directory-Systems deklarativ dargestellt ist.

---

[1] Unsere Kritik an der in den X.500-Empfehlungen verwendeten Spezifikationstechnik bezieht sich hauptsächlich auf die Beschreibung der Funktionalität und die Darstellung der Semantik der Directory-Operationen. Die Kommunikationsprotokolle und ihre Eigenschaften sind wesentlich besser darstellt. Die X.500(88)-Empfehlungen bilden die erste Fassung eines internationalen Standards für Directory-Systeme. Die nächste (hoffentlich verbesserte) Fassung wird für 1992 erwartet.

	[Terry 85]	[Neufeld 87]	[X.500]
exakt	ja	ja	zuwenig, z.B. bezüglich Semantik der Operationen
kompakt	ja	ja	zuwenig
lesbar	genügend	gut	ungenügend
deklarativ	nein	nein	nein
ausführbar	ja	nein	nein

Tab. 1.6: Beurteilung der Spezifikationen gemäss unseren Anforderungen

1.2.4   Unser Ansatz

In dieser Arbeit wird versucht, Architekturen von Directory-Systemen mit Hilfe einer ausführbaren logischen Programmiersprache, die auf Prolog basiert, zu spezifizieren. Die Spezifikationsmethode soll die im Abschnitt 1.2 geforderten Eigenschaften erfüllen. Damit ist sie heute verwendeten Spezifikationstechniken überlegen (Tab. 1.6). Zudem erschliesst sie neue Möglichkeiten für die Überprüfung von Spezifikationen und für die Simulation von Systemen.

Der Ansatz, verteilte Systeme in einer Prolog-basierten Sprache zu spezifizieren, ist nicht neu. Bekannt sind Arbeiten, in denen Kommunikationsprotokolle, meist Transportprotokolle, in Prolog spezifiziert sind ([Sidhu, Crall 88], [Ural 90]). Die Autoren zeigen darin auf, wie die Ausführbarkeit einer Spezifikation zur Validierung der Protokolle benutzt werden kann. Ein anderes Beispiel ist die Spezifikation des Memory-Systems des Arbeitsplatzrechners "Dorado" [Suzuki 86]. Diese Spezifikation besticht durch Kompaktheit und gute Lesbarkeit. Der Hauptgrund für das Erstellen dieser Spezifikation war die notwendige Überprüfung des Designs der Hardware-Architektur.

Heute stehen standardisierte Sprachen für die Spezifikation von Kommunikationssystemen zu Verfügung. Dazu zählen SDL [Z.100], ESTELLE [ISO 9074] und LOTOS [ISO 8807]. Für unser Vorhaben käme auch LOTOS als mögliche Spezifikationssprache in Betracht, weil diese Sprache eine vergleichsweise einfache Syntax aufweist, und die Semantik von LOTOS formal definiert ist. Wir haben uns für eine Prolog-basierte Spezifikationssprache entschieden, da für Prolog (im Gegensatz zu LOTOS) zurzeit ausgereifte, komfortable und erweiterbare Entwicklungsumgebungen erhältlich sind.

1.3 Die Zielsetzungen der Arbeit

Ausgehend vom oben beschriebenen Ansatz lassen sich folgende Zielsetzungen für diese Arbeit formulieren.

Definition der Architektur eines Directory-Systems
Der Begriff der Architektur wird in der Informatikliteratur in unterschiedlicher Bedeutung verwendet und wird dort meist nicht definiert. Insbesondere hat sich auf dem Gebiet der Directory-Systeme noch keine einheitliche Meinung herausgebildet, was unter der Architektur eines Directory-Systems zu verstehen sei. Oft wird in Arbeiten, in denen architekturielle Aspekte von Directory-Systemen behandelt werden, keine klare Trennung zwischen den strukturellen Merkmalen eines Systems und den Eigenschaften einer speziellen Implementation gemacht. Aus diesen Gründen soll in dieser Arbeit die Architektur eines Directory-Systems definiert und eine konsistente Terminologie eingeführt werden. Zur Motivation der Definition und zur Erläuterung der Begriffe sollen für die Forschung relevante Systeme als Beispiele herangezogen werden.

Festlegung einer Spezifikationsmethode
Es soll eine logische Sprache festgelegt werden, welche für die Spezifikation eines Directory-Systems geeignet erscheint und es ermöglicht, Spezifikationen mit den im Abschnitt 1.2 geforderten Eigenschaften zu erstellen. Diese Spezifikationssprache soll auf Prolog basieren.
Die Abbildung von Konzepten der Architektur in die Spezifikationssprache soll beschrieben und allfällige Varianten sollen diskutiert werden. Zudem soll ein mögliches Vorgehen bei der Spezifikation aufgezeigt werden.

Anwendungen
Ein zentraler Punkt der Arbeit soll die Beschreibung bekannter Architekturen in der Spezifikationssprache sein. Damit soll an Beispielen aufgezeigt werden, inwiefern sich der gewählte Ansatz zur Spezifikation von Architekturen eignet, und welche Eigenschaften die erstellten Spezifikationen besitzen. Überdies soll dargelegt werden, wie die Konfiguration eines Directory-Systems in der Spezifikationssprache festgelegt werden kann, und wie Systeme mit spezifizierter Architektur und angegebener Konfiguration simuliert werden können.

Der Arbeit liegt folgende *Hauptthese* zugrunde:

Ausgehend von Prolog lässt sich eine ausführbare logische Sprache festlegen, mit deren Hilfe die Architektur eines Directory-Systems spezifiziert werden kann. Es ist möglich, Spezifikationen zu erstellen, die exakt, kompakt, gut lesbar, deklarativ und ausführbar sind. Diese Art der Beschreibung hat gegenüber den heute verwendeten Techniken Vorteile bezüglich der Entwicklung, Präsentation und Überprüfung einer Architektur, und sie ermöglicht die Simulation von Systemen mit spezifizierter Architektur.

1.4   Der Aufbau der Arbeit

Die vorliegende Arbeit ist in acht Kapitel gegliedert.

Ziel des folgenden Kapitels 2 ist es, die *Architektur eines Directory-Systems* zu definieren und zu erläutern. Es scheint uns notwendig, die strukturellen Merkmale eines solchen Systems zu untersuchen und darzustellen, da uns keine einschlägige Arbeit zu diesem Thema bekannt ist. Wir verstehen unter dem Begriff "Architektur" ein konzeptionelles Modell eines Directory-Systems, das in unabhängige Teilmodelle gegliedert ist, und das die Struktur und Funktionalität dieses Systems auf einem abstrakten Niveau festlegt.

In Kapitel 3 wird die logische Programmiersprache Prolog aus konzeptioneller Sicht vorgestellt und deren Eignung im Hinblick auf die Spezifikation von Systemen untersucht. Zudem wird eine *auf Prolog basierende Spezifikationssprache* festgelegt, welche in den folgenden Teilen der Arbeit zur Beschreibung der Architektur von Directory-Systemen benutzt wird.

Kapitel 4 enthält die *Darstellung einer von D.B. Terry entworfenen Architektur* eines Directory-Systems in der Spezifikationssprache. Die Beschreibung dieser Architektur ist in Form eines Tutoriums verfasst. Dadurch lässt sich aufzeigen, inwiefern sich die Spezifikationssprache eignet, Konzepte in kompakter Form zu entwickeln und darzustellen. Zudem können die Entwurfsentscheidungen der Architektur ausführlich begründet und beschrieben werden.

In Kapitel 5 wird die *Spezifikationsmethode* zur Darstellung der Architektur von Directory-Systemen behandelt. Die Abbildung der Konzepte der Architektur in die Spezifikationssprache wird am Beispiel der Architektur von Terry besprochen. Zudem wird auf die Semantik der Spezifikationen eingegangen, und es werden mögliche Vorgehensweisen bei der Entwicklung einer Spezifikation diskutiert.

Ein Directory-System, dessen Architektur in der Spezifikationssprache dargestellt und dessen Konfiguration in dieser Sprache angegeben ist, lässt sich auf einem Prolog-System *simulieren*. Dies wird in Kapitel 6 gezeigt.

Kapitel 7 ist der *Spezifikation der X.500-Architektur*, der Architektur des aktuellen internationalen Standards für Directory-Systeme, gewidmet. Es wird aufgezeigt, dass es möglich ist, mit Hilfe der Spezifikationsmethode eine Beschreibung wichtiger Teile dieser Architektur zu erstellen, die im Vergleich zum Standard exakter, besser lesbar und kompakter, im Gegensatz zum Standard deklarativ und ausführbar ist.

Zum Abschluss der Arbeit werden in Kapitel 8 die wichtigsten Erfahrungen und Resultate zusammengefasst, und es wird ein Ausblick auf mögliche weiterführende Forschungsarbeiten gegeben.

2 Die Architektur von Directory-Systemen

Ziel dieses Kapitels ist es, die *Architektur eines Directory-Systems* zu definieren und zu erläutern. Unter dem Begriff "Architektur" verstehen wir ein konzeptionelles Modell eines Directory-Systems, das in unabhängige Teilmodelle zerfällt und die Struktur und Funktionalität dieses Systems auf einem abstrakten Niveau festlegt. Das wichtigste dieser Teilmodelle ist das sogenannte *Informationsmodell*, das zu Beginn des Kapitels besprochen wird. Zur Motivation der Definition und zur Erklärung der eingeführten Begriffe werden für die Forschung relevante Systeme als Beispiele herangezogen.

In Abschnitt 2.1 wird eine moderne Darstellung des *Informationsmodells* eines Directory-Systems vermittelt. Das Informationsmodell bildet den Kern eines Directory-Systems und ist als Gegenstand an sich interessant. Zum Informationsmodell zählen wir das Modell des Namensraumes, das Modell des Objektraumes sowie die Operationen auf und zwischen diesen Räumen. Von einem abstrakten Standpunkt aus kann man ein Directory-System als die Realisierung eines Informationsmodells auf einem verteilten Rechnersystem betrachten.

Um den Ausführungen eine einheitliche Form zu verleihen, verwenden wir eigene Notationen, um beispielsweise Objektnamen oder Operationen darzustellen. Dadurch sollen die Gemeinsamkeiten und Unterschiede verschiedener Ansätze besser zur Geltung gebracht werden.

In Abschnitt 2.2 werden *Anforderungen an Directory-Systeme* aus der Literatur zitiert und von uns kommentiert. Viele dieser Anforderungen bestimmen Merkmale der Architektur eines solchen Systems, beispielsweise die Art der Systemgliederung, die Strategie zur Verteilung der Daten oder bestimmte Sicherheitsmechanismen.

In Abschnitt 2.3 schliesslich wird die Architektur eines Directory-Systems definiert, deren Teilmodelle werden erläutert, und die Realisierung dieser Teilmodelle in bestehenden oder vorgeschlagenen Systemen wird untersucht. Dabei zeigt sich, dass z.B. die X.500-Empfehlungen, ein kürzlich verabschiedeter internationaler Standard für Directory-Systeme, in ihrer heutigen Fassung keine vollständige Beschreibung der Architektur enthalten und an einigen Stellen grosse Lücken aufweisen.

Für eine Beschreibung ausgewählter Directory-Systeme sei auf unsere Untersuchung [Stadler 90] und auf die Bibliographie am Schluss dieser Arbeit verwiesen.

2.1 Das Informationsmodell eines Directory-Systems

Unter dem *Informationsmodell* eines Directory-Systems fassen wir die folgenden drei Teilmodelle zusammen:

- Die Namenskonvention
- Das Modell des Objektraumes
- Die Operationen auf dem Namensraum und dem Objektraum, sowie zwischen diesen Räumen.

Statt "Informationsmodell" trifft man in der Literatur oft den Begriff "naming model" an. Dieser Begriff ist uns zu wenig aussagekräftig, um ihn ins Deutsche zu übernehmen, da er sich nur auf den Namensraum zu beziehen scheint.

Das Informationsmodell bildet den Kern eines Directory-Systems und wird beim Design eines Directory-Systems zuerst festgelegt. Ziel dieses Abschnitts ist die ausführliche Darstellung des Informationsmodells. Wir stellen zunächst einige grundsätzliche Betrachtungen an über die Funktion von Namen und Adressen in verteilten Systemen und deren Beziehung zu Objekten in diesen Systemen. Dann werden die oben aufgeführten Teilmodelle des Informationsmodells erläutert.

2.1.1   Die Funktion von Namen

Die Verwendung von Namen im Zusammenhang mit Computersystemen und deren Programmierung beschränkt sich nicht auf verteilte Systeme. In einem Betriebssystem beispielsweise werden Ressourcen wie Dateien oder Systemkomponenten mit Namen versehen, da sie von verschiedenen Instanzen benützt werden. Aber auch ungeteilten, d.h. nur von einer Instanz verwendeten, Ressourcen wie lokalen Speichervariablen werden Namen zugeordnet, damit deren Sinn in einem Programm verständlich wird, und weil damit eine Abstraktion ermöglicht wird.

Was ist unter dem Namen eines Objektes in einem verteilten System zu verstehen und welche Eigenschaften kommen ihm zu? Schlägt man in einer Enzyklopädie [Brockhaus 71] nach, findet man unter dem Stichwort "Namen":

> "Die Bezeichnung eines Einzelwesens oder Dinges (Eigenname) oder aller Angehörigen einer Gattung (Gattungsname). Der Name stellt die Identität eines Trägers fest; Namen haben keine Bedeutung, sondern eine Unterscheidungsfunktion. ..."

Namen sind also Bezeichnungen mit der Eigenschaft, deren Träger (also die Objekte) zu unterscheiden.

J. E. White definiert Namen im Kontext von verteilten System und unterstreicht auch die Unterscheidungsfunktion [White 84]:

> "A name is a linguistic object that singles out a particular entity from among a collection of entities."

Zudem ist für ihn ein Name ein sprachliches Konstrukt, das sich auf einem Rechner darstellen und verarbeiten lässt.

Ein Name ermöglicht den Zugriff auf das Objekt, wie aus einer Definition in [Sollins, Clark 87] hervorgeht:

"A name is an object that can be associated with another object by means of a name-space and has an equality operation that is reflexive, transitive and symmetric. It has two uses. First, it may provide access to the object with which it has been associated. Second, it may act as a place holder for the object with which it has been associated."

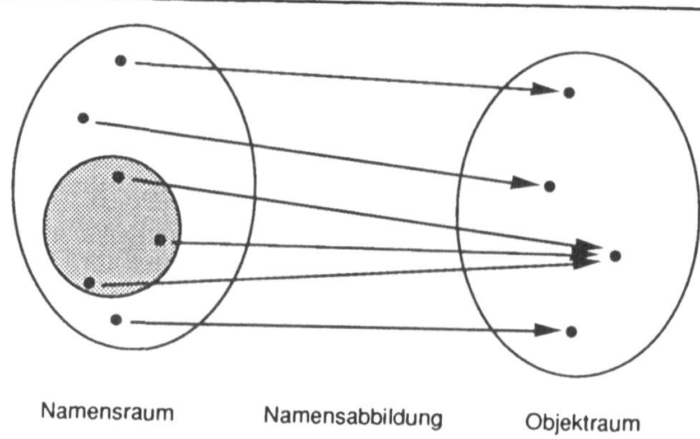

Fig. 2.1: Beziehung zwischen Namen und Objekten

Wir beschreiben den Zusammenhang zwischen Namen und Objekten als eine mathematische Funktion vom Namensraum auf den Objektraum, welche wir *Namensabbildung* nennen (Fig. 2.1). Der Namensraum enthält alle in einem bestimmten Kontext verwendeten Namen, der Objektraum umfasst die entsprechenden Objekte. Die Namensabbildung ist eine surjektive, im allgemeinen aber keine injektive Funktion. Damit erfassen wir die Bedingungen, dass alle Objekte benannt und deren Namen zwar eindeutig sind, dass aber ein Objekt mehrere Namen besitzen kann. Die in Fig. 2.1 hervorgehobene Teilmenge von Namen bezeichnet beispielsweise dasselbe Objekt.
Aus diesem einfachen Modell gewinnt man die im obigen Zitat von [Sollins, Clark 87] erwähnte "equality operation" als die durch die Namensabbildung definierte Äquivalenzrelation auf dem Definitionsbereich dieser Funktion.

Das "Abbilden eines Namens auf ein Objekt" wird in der Literatur oft als "Binden eines Namens an ein Objekt" bezeichnet. Dieser Ausdruck geht auf J.H. Saltzer zurück [Saltzer 78]. Die Realisierung der Namensabbildung in einem Directory-System nennt man *Namensauflösung*.

Nicht alle Identifikationen von Objekten bezeichnet man als Namen. Die folgende Unterscheidung von John Schoch [Schoch 78] hat sich durchgesetzt:

" The name of a resource indicates what we seek,
an address indicates where it is
and a route tells us how to get there."

Name, Adresse und Pfad können als verschiedene Abstraktionsstufen bei der Identifikation eines Objektes in einem verteilten System betrachtet werden. Dies soll am Beispiel des Adressaten einer Meldung in einem E-Mail-System illustriert werden:

(1) Name	Country Name = "CH"
	Organization Name = "Universitaet Zuerich"
	Organizational Unit Name = "Institut fuer Informatik"
	Personal Name = "Rolf Stadler"

(2) Adresse	rst@gorgo.uucp

(3) Pfad	seismo!mcvax!cernvax!unizh!gorgo!rst

Der Name (1) bildet die oberste Abstraktionsstufe für die Identifikation eines Objektes. In diesem Fall ist es eine in X.400(88) erlaubte Bezeichnung für Sender und Empfänger von elektronischen Meldungen. (2) ist ein Beispiel einer sogenannten Domain-Adresse. Diese Art der Adressierung ist heute in vielen E-Mail Systemen gebräuchlich. (3) bezeichnet eine gültige Unix-Mail-Adresse, deren Adresskomponenten von links nach rechts gelesen eine Kette von Rechnern und somit einen Pfad beschreiben, auf welchem die Meldung zum Empfänger geleitet wird. In (3) ist das Rechnernetz, auf welchem das E-Mail-System realisiert ist, nicht transparent.

(1) ist eindeutig die "benutzerfreundlichste" Bezeichnung für einen Adressaten. Dieser Name hat für einen menschlichen Benutzer eine unmittelbare Bedeutung, er lässt sich einfach merken und eventuell sogar erraten. Das sind Anforderungen, die White in seinem Papier "A User-Friendly Naming Convention" [White 84] an die Wahl von Objektnamen stellt.

Im Gegensatz zu der eingangs dieses Abschnitts zitierten Definition eines Namens aus [Brockhaus 71] assoziiert man zu einem Namen, welcher im Kontext verteilter Systeme verwendet wird, eine Bedeutung. Häufig werden Merkmale von Objekten für deren Benennung im System verwendet. Dies ist auch bei (1) der Fall.

Name	Rolf Stadler
	Institut für Informatik
	Universität Zürich

Adresse	257 43 35

Namen von Objekten sind im Gegensatz zu Adressen langlebig. Ein anschauliches Beispiel dazu liefert der Name eines Telefonabonnenten und die Telefonnummer seines Anschlusses, welche häufiger mutiert wird als der Name. Die Telefonnummer ist eine typische Adresse im Sinne von Schoch, da sie den "Ort" des Anschlusses bezüglich der Struktur des Telefonsystems beschreibt. Adressen werden in Directory-Systemen als Teil der Objektdaten verwaltet.

Wir fassen zusammen und charakterisieren die Begriffe "Name" und "Adresse" für Objekte in verteilten Systemen:

> - Ein *Name* ist eine eindeutige Bezeichnung für ein Objekt. Er ist ein sprachliches Konstrukt mit innerer Struktur. Eine Name soll so gewählt werden, dass er für einen menschlichen Benutzer verständlich ist.
>
> - Eine *Adresse* ist ebenfalls eine eindeutige Bezeichnung für ein Objekt. Sie dient dazu, das Objekt bezüglich der Gliederung des Systems zu lokalisieren. Adressen sind wegen ihrer Abhängigkeit von der Systemgliederung kurzlebiger als Namen. Sie sind Teil der Objektdaten.

Namen sind meist aus Komponenten aufgebaut, z.B.

[Schweiz, Universität Zürich, Physik-Institut, Peter Meier] ,

und vielfach ist die Reihenfolge der Komponenten relevant.

Bezeichnen mehrere Namen dasselbe Objekt, so wird häufig einer dieser Namen ausgezeichnet, und die übrigen werden *Aliasnamen* (alias names, aliases) genannt. Arbeitet zum Beispiel der Physiker "Peter Meier" am Kernforschungszentrum "CERN", so ist es denkbar, dass ein Objekt mit obigem Namen zusätzlich unter dem Alias-Namen

[CERN, Physics Division, Peter Meier]

registriert ist, wobei es aber nur einmal im System existiert.

2.1.2 Namenskonventionen

Eine *Namenskonvention* (naming convention) besteht aus einem Satz von Regeln, welche die Eigenschaften des Namensraumes definieren und so eine Menge von gültigen Objektnamen festlegen. Zu einer Namenskonvention zählen syntaktische Regeln, die den Aufbau von Namen beschreiben, ferner Regeln, welche die Struktur des Namensraumes bestimmen (z.B. hierarchisch oder flach), Regeln bezüglich Aliasnamen usw.

Sprachliche Konstrukte, die der Namenskonvention genügen, heissen *Namenskandidaten*. Natürlich sind nicht alle Namenskandidaten Objektnamen. Damit gibt es Namenskandidaten, die nicht im Definitionsbereich der Namensabbildung liegen (Fig. 2.2). Zur Verifikation eines Namenskandidaten, also zur Überprüfung, ob ein Namenskandidat ein Objekt bezeichnet, dient in einem Directory-System die Namensauflösung. Dieses Verfahren kann in einem grossen System sehr aufwendig sein.

Bevor wir einige Namenskonventionen aus der Literatur vorstellen, diskutieren wir die von [Neufeld 87] aufgestellten Anforderungen an eine Namenskonvention:

(1) "Names should be descriptive"
(2) "Names must be unambiguous"
(3) "Different Names may refer to the same object"
(4) "Names should reflect common usage"
(5) "Names should facilitate distribution"

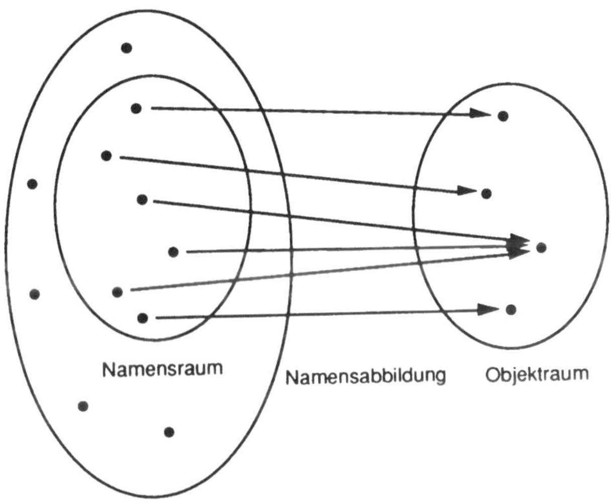

Fig. 2.2: Namenskandidaten und Objektnamen

Nach Neufeld sollen Namen Objekte *beschreiben* und nicht nur *identifizieren*. Eine Definition solcher "deskriptiver" Namen folgt weiter unten. Die Anforderungen (2) und (3) sind Eigenschaften der Namensabbildung und somit erfüllt, wenn sich die Namenskonvention auf unser einfaches Modell (Fig. 2.2) stützt. Nach (4) sollen Objektnamen für einen menschlichen Benutzer intuitiv verständlich sein. Ist dies erfüllt, spricht man von einer "benutzerfreundlichen Namenskonvention". (5) ist eine Forderung an die Struktur des Namensraumes. Es wird davon ausgegangen, dass die Objekte in einem Directory-System nicht zentral, sondern auf einer Vielzahl von Servern verwaltet werden. Dabei wird der Objektraum anhand der Objektnamen fragmentiert. Die entstehenden Fragmente, welche aus einer Menge von Objekten bestehen, sind auf den Servern alloziert. Ist nun der Namensraum beispielsweise als Baum strukturiert, ergibt sich eine natürliche Fragmentierung in Teilbäume, was die Verteilung der Objekte und deren spätere Lokalisierung auf Grund des Objektnamens erleichtert.

Hierarchische Namen

Als Vertreter einer Namenskonvention, die auf einem hierarchischen Namensraum basiert, sei das Modell von Terry [Terry 85] erwähnt, das eine Abstraktion und Erweiterung der Namenskonventionen darstellt, die in den Systemen Grapevine [Birrel et al. 82], [Schroeder et al. 84] und Clearinghouse [Oppen, Dalal 83] realisiert sind. Terry verwendet strukturierte Namen, deren Komponenten aus Strings bestehen. Die Objektnamen lassen sich in einen Baum einbetten, dessen Knoten die Namenskomponenten bilden. Der Namensraum besteht aus allen Pfadnamen von der Wurzel des Baumes bis zu einem Blatt, wobei der Wurzelknoten nicht im Pfadnamen erscheint. Fig. 2.3 zeigt einen Ausschnitt aus einem solchen hierarchischen Namensraum. Ein gültiger Name in diesem Raum ist:

[Schweiz, ETH Zürich, IFI, Andreas Zogg]

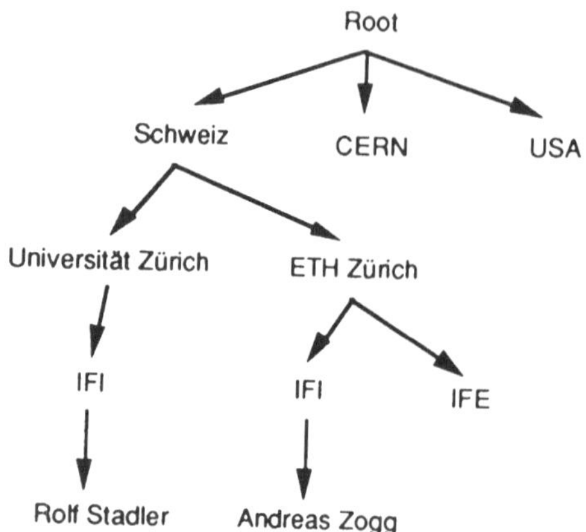

Fig. 2.3: Ausschnitt aus einem hierarchischen Namensraum

Die Namenskonvention im Modell von Terry ist sehr einfach. Beispielsweise ist kein Konzept für Aliasnamen darin enthalten. Ebenfalls einfach, aber sehr mächtig ist die Namensauflösung, wie sie Terry vorschlägt. Dabei wird ein Name mehrfach an sogenannte Kontexte, die sich als Teilräume des Namensraumes auffassen lassen, gebunden. Bei jeder derartigen Bindung kann sich der Objektname ändern. Der Prozess terminiert, wenn die Server, welche das gesuchte Objekt verwalten, lokalisiert sind. Die flexible Art der Namensauflösung bei Terry lässt sich leicht auf komplexe nicht-hierarchische Namensräume oder Systeme mit heterogenen Namenskonventionen verallgemeinern.

Hierarchische Namenskonventionen findet man z.B. im DARPA Domain Name System [Mockapetris 84], B.W. Lampsons "Global Name Service" [Lampson 86] oder den X.500-Empfehlungen.

Attributwertige Namen

Erweitert man Namenskomponenten, die aus Strings bestehen, zu Paaren (Attributtyp, Attributwert), so werden die Namen verständlicher, also benutzerfreundlicher, und deren Informationsgehalt wird erhöht. Wir nennen die Tupel (Attributtyp, Attributwert) kurz *Attribute* und verstehen unter *attributwertigen* Namen solche, deren Komponenten aus Attributen bestehen.

Viele Namenskonventionen erlauben nur vorgegebene Attributtypen bei der Bildung von Namen, beispielsweise Country (C), Locality (L), Organization (O), Organizational Unit (OU), Common Name (CN) usw. Daraus lässt sich der Name

    [C = Schweiz, O = ETH Zürich, OU = IFI, CN = Andreas Zogg]

bilden.

Es bleibt zu erwähnen, dass die Namensauflösung in Directory-Systemen, also die Realisierung der Namensabbildung, beim Übergang von stringwertigen zu attributwertigen

Objektnamen nicht komplexer wird, da die Stringoperationen im Algorithmus der Namensauflösung einfach durch entsprechende Operationen auf Attributen ersetzt werden.

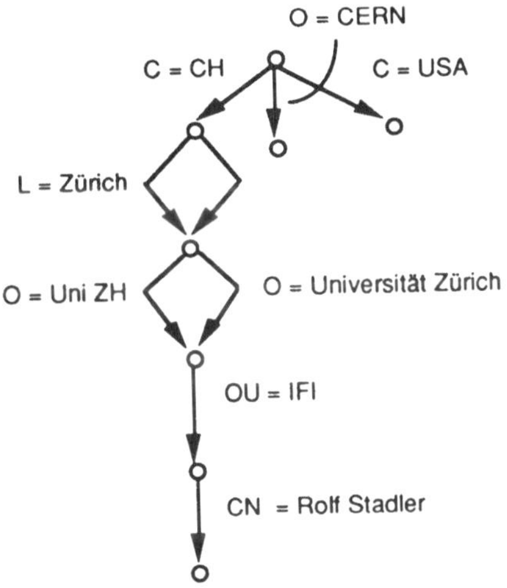

Fig. 2.4: Ausschnitt aus einem Namensraum nach IFIP- Namenskonvention

Eine Namenskonvention für attributwertige Namen wurde von der IFIP-Working Group 6.5 ausgearbeitet [White 84]. Der Namensraum dieser Konvention hat die Struktur eines gerichteten azyklischen Graphen mit genau einer Wurzel und wird "Global Naming Graph" genannt. Fig. 2.4 zeigt einen Ausschnitt aus einem solchen Namensraum. Die Kanten des Graphen sind mit Namenskomponenten bezeichnet oder sind ohne Markierung. Jedem Knoten ist ein Objekt zugeordnet. Die gültigen Namen für ein bestimmtes Objekt ergeben sich, indem die möglichen Pfade von der Wurzel des Graphen zum entsprechenden Objektknoten gesucht werden. Damit ist die Namensabbildung festgelegt.

Folgende Namen bezeichnen dasselbe Objekt im Namensraum von Fig. 2.4:

    [C = CH, L = Zürich, O = Universität Zürich, OU = IFI, CN = Rolf Stadler]

    [C = CH, O = Universität Zürich, OU = IFI, CN = Rolf Stadler]

    [C = CH, L = Zürich, O = Uni ZH, OU = IFI, CN = Rolf Stadler]

    [C = CH, O = Uni ZH, OU = IFI, CN = Rolf Stadler]

Gemäss IFIP-Namenskonvention ist die Reihenfolge der Attribute eines Namens irrelevant. Also bezeichnen alle Permutationen der Komponenten eines Namens dasselbe Objekt. Das im obigen Beispiel erwähnte Objekt besitzt somit $2*5! + 2*4! = 288$ verschiedene Namen.

Im Gegensatz zur IFIP-Namenskonvention ist die Reihenfolge der Namenskomponenten in einem X.500-System fest. Nach den X.500-Empfehlungen ist der Namensraum ein Baum. Ein Objekt besitzt einen ausgezeichneten Namen (distinguished name) und eventuell einen oder mehrere Aliasnamen.

Die Komponenten eines Objektnamens sind normalerweise Attribute, können sich aber auch aus einer Menge von Attributen zusammensetzen.

Deskriptive Namen

[White 84] bezeichnet die Namen, welche der IFIP-Namenskonvention entsprechen, als deskriptiv. Wir verwenden jedoch eine strengere Charakterisierung von deskriptiven Namen, die von Neufeld stammt [Neufeld 87]:

- Ein *deskriptiver Name* besteht aus einer Menge von Attributen (Attributtyp-Attributwert-Paaren).

- Die Reihenfolge der Attribute ist irrelevant.

- Jede Teilmenge von Attributen, die das Objekt eindeutig bestimmt, ist ein (deskriptiver) Name für dieses Objekt.

Nach der obigen Namenskonvention können bei der Angabe eines Namens Komponenten fehlen, sofern die restlichen Attribute das Objekt noch eindeutig identifizieren. Denkbar ist, dass in einem Namensraum die beiden Attributmengen

[C = CH, L = Zürich, O = Universität Zürich, OU = Physik-Institut, CN = Peter Meier]

und

[CN = Peter Meier, O = Universität Zürich]

dasselbe Objekt bezeichnen und somit deskriptive Namen für dieses Objekt sind. Namen, welche alle zur Benennung eines Objektes verwendeten Attribute enthalten, bezeichnen wir fortan als *kanonische Namen*.

Auch bei der IFIP-Namenskonvention können Attribute bei der Angabe eines Namens fehlen. Dies muss aber im "Global Naming Graph" (Fig. 2.4), z.B. durch das Vorhandensein unmarkierter Kanten, ausdrücklich erlaubt sein. Die Namenskonvention von Neufeld ist also allgemeiner als diejenige von IFIP.

Trotz der offensichtlichen Benutzerfreundlichkeit von deskriptiven Namen dachte lange Zeit kaum jemand an die Konzeption und Realisierung eines Directory-Systems, das diese Art von Namen verwendet. Butler Lampson schreibt in seinem Papier "Designing a Global Name Service" [Lampson 86]:

"I exclude descriptive 'names' from consideration, since I don't know how to specify, much less implement a service which maps predicates into strings and meets the other requirements of a global name service."[2]

---

[2] Unter 'predicates' versteht Lampson die Attributlisten, welche deskriptive Namen darstellen, und als 'strings' sind bei ihm die Objektdaten modelliert.

Im gleichen Jahr enthielt der Entwurf für die X.500-Empfehlungen ein Konzept für deskriptive Namen [ISO/CCITT 86], welches später wegen technischer Schwierigkeiten fallengelassen wurde und in der heutigen Fassung des Standards fehlt.

Die Probleme bei der Realisierung von Directory-Systemen mit deskriptiven Namen liegen hauptsächlich auf zwei Ebenen: Die Namensauflösung ist im allgemeinen wesentlich komplexer und aufwendiger als bei herkömmlichen Namenskonventionen (z.B. der von [Terry 85] verwendeten). Zudem ist es möglich, dass deskriptive Namen beim Einfügen neuer Objekte in das System mehrdeutig und deshalb ungültig werden. Dies lässt sich anhand der Situation illustrieren, bei der, unter Einbezug des obigen Beispiels, ein Objekt mit dem kanonischen Namen

[C = CH, L = Zürich, O = Universität Zürich, OU = Geografisches Institut, CN = Peter Meier]

beim Directory-System registriert wird. Nach dieser Operation ist die Attributmenge

[CN = Peter Meier, O = Universität Zürich]

wegen ihrer Mehrdeutigkeit kein Name mehr für ein Objekt des System. Mehrdeutigkeiten dieser Art können beispielsweise bei hierarchischen Namensräumen, in denen die Reihenfolge der Namenskomponenten festgelegt ist, nicht auftreten.

Zur Steigerung der Effizienz der Namensauflösung bei deskriptiven Namen schlägt Neufeld die Einführung sogenannter "registrierter Attribute" vor. Um die Mehrdeutigkeit von kanonischen Namen zu verhindern, fügt ihnen Neufeld bei der Erzeugung des Objektes ein systemweit eindeutiges "Birthmark"-Attribut zu. Für eine detaillierte Beschreibung sei auf die Orginalarbeit [Neufeld 87] verwiesen.

Ein anderer Ansatz einer Namenskonvention für deskriptive Namen findet man bei [Peterson 88]. Bei der Angabe eines Namens dürfen nicht nur Attribute, sondern auch Attributtypen fehlen. Ein korrekter Name nach der Konvention von Larry Peterson ist

[Peter Meier, Physiker, O = Universität Zürich]

Neben der Realisierung der Namensabbildung, die sich auch als Abfrage nach den Objektdaten eines Namens auffassen lässt, definiert er einen Satz von Funktionen (interpret functions), welche Abfragen mit verschiedener Präzision zulassen. So gibt es beispielsweise eine Funktion, welche alle Objekte zurückgibt, die mindestens ein Attribut eines vorgegebenen Namenskandidaten enthalten.
Leider ist bei der Implementation des Modells von Peterson, dem "Profile Name Service", die Namensauflösung nicht als transparente Operation realisiert. Das Resultat dieser Operation ist also abhängig von den Servern, die an der Auflösung des Namens beteiligt sind.

Zum Abschluss des Abschnitts über Namenskonventionen soll auf eine Arbeit von K. Sollins und D. Clark [Sollins, Clark 87] [Sollins 85] hingewiesen werden, bei der bewusst auf globale, d.h. systemweit eindeutige Namen verzichtet wird. Die beiden Autoren haben eine Namenskonvention für Gruppen von Benutzern auf einem lose gekoppelten Verbund von Rechnern erarbeitet. Namen werden von Gruppenmitgliedern erzeugt, durch deren Verwendung von andern akzeptiert und in den Namensraum eingefügt.
Wir sind der Ansicht, dass sich für Directory-Systeme, wie wir sie charakterisiert haben, ausschliesslich globale Namenskonventionen eignen und gehen deshalb auf diesen Ansatz nicht weiter ein.

2.1.3 Objekträume

Nachdem wir uns mit dem Aufbau und der Struktur des Namensraumes auseinandergesetzt haben, wenden wir uns nun der Modellierung des Objektraumes zu. Obwohl in Directory-Systemen die Modelle des Namens-und Objektraumes unabhängig voneinander gewählt werden können, weisen diese in konkreten Realisierungen meist Berührungspunkte auf oder sind im Extremfall gar ineinander enthalten, wie weiter unten gezeigt wird.

Der Grossteil der Information, die in einem Directory-System verwaltet wird, besteht aus Adressen aller Art. Darunter fallen postalische Adressen, Adressen von Telematik-Geräten wie Telefon- und Telefaxnummer oder verschiedene Arten von Zugangspunkten zu Rechnern, z.B. X.121-Adressen, IP-Adressen usw. Adressen lassen sich meist als Attribute modellieren. Daher liegt es nahe, die Objekte als eine Menge von Attributen, in der Literatur auch "tuples" oder "properties" genannt, darzustellen.

Im Modell von [Terry 85] werden einzelne Attribute verwaltet, denen ein Objektname zugeordnet ist:

           (Attributtyp, Attributwert)   <-   Name

zum Beispiel:

           (Telefon, 257 43 13)   <-   [Schweiz, Universität Zürich, Peter Meier]

           (Telefax, 257 10 31)   <-   [Schweiz, Universität Zürich, Peter Meier]

           (E-Mail, meier@unizh.uucp)   <-   [Schweiz, Universität Zürich, Peter Meier]

Die Menge aller Attribute zum selben Namen bildet ein Objekt. Dieses Konzept ist in vielen Directory-Systemen realisiert, eventuell mit gewissen Verfeinerungen. Eine sinnvolle Erweiterung des Modells von Terry ist die Unterstützung mehrerer Attributwerte zum selben Attributtyp, um etwa auszudrücken, dass eine Person unter mehreren Telefonnummern erreichbar ist.

Objekträume sind im allgemeinen nicht flach, sondern als gerichtete Graphen, meist als Bäume strukturiert. Im X.500-Modell wird durch den hierarchischen Namensraum und die Namensabbildung in natürlicher Weise eine Baumstruktur auf den Objekten definiert. [Neufeld 87] hingegen benutzt in seinem Modell einen flachen Namensraum und legt explizit eine hierarchische Beziehung zwischen den Objekten fest.

Die Struktur des Objektraumes kann verwendet werden, um Beziehungen zwischen Objekten auszudrücken, wie die Gliederung einer Organisation in Untereinheiten oder die Zugehörigkeit einer Organisation zu einem Land.

Werden in einem System viele verschiedene Arten von Objekten verwaltet, so ist es sinnvoll, Objektklassen, z.B. Personen, Organisationen, Geräte usw. zu definieren und jeder Klasse einen festen Satz von Attributtypen, z.B. Telefonnummer, E-Mail-Adresse, X.121-Adresse, zuzuordnen. Dieses Vorgehen weist Parallelen zum Aufbau eines Datenmodells beim Entwurf einer Datenbankapplikation auf und wird dort "konzeptionelle Datenmodellierung" genannt.

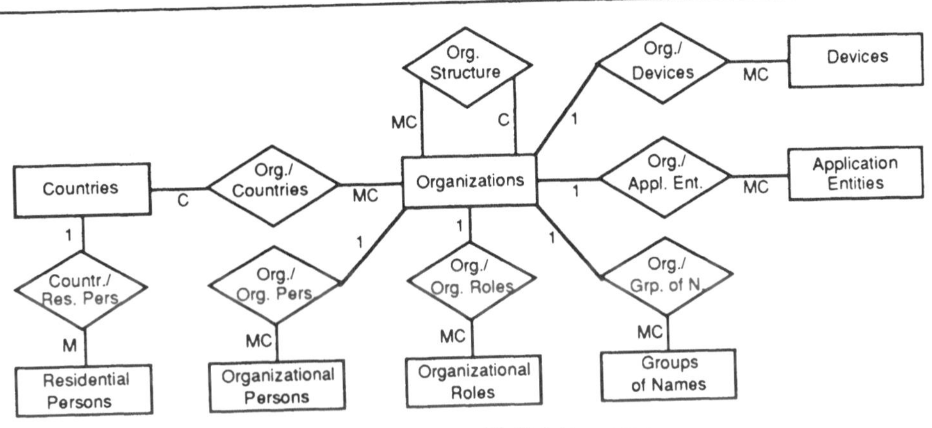

Fig. 2.5: Ein mögliches konzeptionelles Modell des X.500-Objektraumes

Das am weitesten entwickelte Datenmodell für Objekträume findet man wohl in den X.500-Empfehlungen. Fig. 2.5 zeigt ein mögliches konzeptionelles Modell des Objekraumes eines X.500-Systems in Form eines Entity-Relationship-Diagramms [Plattner et al. 87]. Aus der Abbildung sind die hierarchischen Beziehungen zwischen Objektklassen ersichtlich. Die Beziehung zweier Objektklassen drückt die Vater-Sohn-Beziehung von Objekten im hierarchischen Objektraum aus.

Sind sowohl die Namen als auch die Objekte in einem bestimmten Informationsmodell aus Attributen aufgebaut, so stellt sich die Frage, ob Namenskomponenten als Teile von Objektdaten zu betrachten sind, respektive ob Attribute von Objekten zur Namensgebung verwendet werden können.

Im X.500-Modell besteht die letzte Komponente eines Namens aus einem Attribut des entsprechenden Objekts. Das kann bei einem Objekt der Klasse "Organizational Persons" das Attribut vom Typ "Common Name" sein, welches Vornamen und Familiennamen der Person umfasst. Lässt man bei einem Namen, welcher das Objekt A bezeichnet, die letzte Komponente weg, so erhält man den Namen des Vaterobjektes von A. Damit wird klar, dass alle Namen im X.500-Modell aus Objektdaten zusammengesetzt sind.

[Neufeld 87] geht bezüglich der Überlappung von Namens- und Objektraum noch einen Schritt weiter als die X.500-Empfehlungen. In seinem Modell bilden die Attribute eines Objektes dessen kanonischen Namen. Die anderen Namen des Objektes sind diejenigen Teilmengen von Attributen, welche das Objekt im Namensraum eindeutig festlegen. Der Objektraum bildet somit einen Teil des Namensraumes (siehe Fig. 2.6). Die Namensabbildung ist in diesem Fall eine Funktion des Namensraumes auf sich selbst und kann auch als Operation zur Vervollständigung von Attributmengen zu kanonischen Namen aufgefasst werden.

Trotz der Einfachheit und Eleganz des Modells von Neufeld weist es auch Schwachstellen auf. Ein Benutzer eines Systems, das dieses Modell realisiert, wird die Objekte kaum mit kanonischen Namen referenzieren, da diese Namen sämtliche Objektdaten enthalten.

Andere Namen als kanonische haben aber den Nachteil, dass sie mit dem Einfügen neuer Objekte ins System ungültig werden können. Ein X.500-Name hingegen bleibt gültig, bis das referenzierte Objekt im System gelöscht wird.

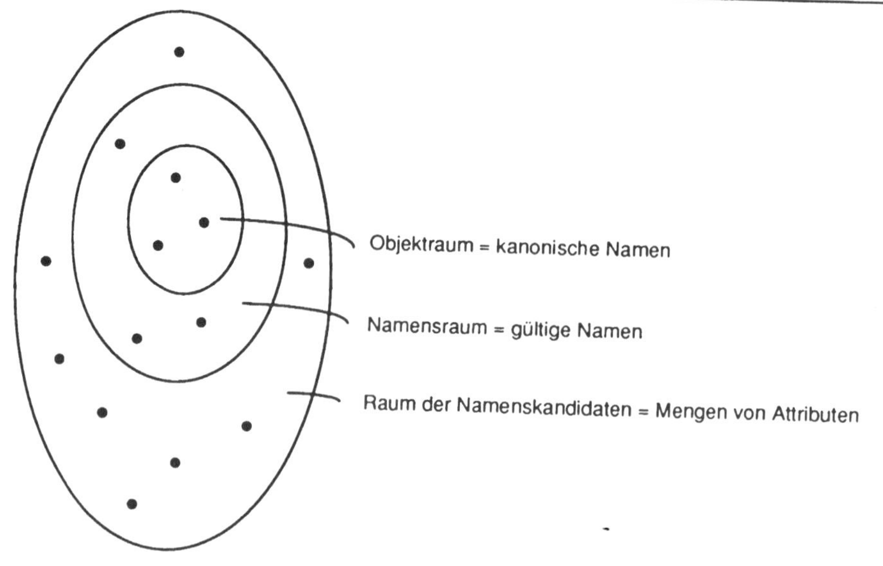

Fig. 2.6: Namensraum und Objektraum bei [Neufeld 87]

2.1.4 Operationen

In diesem Abschnitt stellen wir die Operationen der Modelle von [Terry 85] und [Neufeld 87] vor, deren Namenskonventionen und Objekträume in den obigen Abschnitten besprochen worden sind. Wir geben diese Operationen in einer eigenen einfachen Notation an, wobei für jede Operation der Prozedurname, gefolgt von einer Parameterliste, aufgeführt wird. Wir unterscheiden zwischen Parametern für Input ($\downarrow$) und Output ($\uparrow$). Die Parameterlisten der Operationen sind gegenüber den Modellen von Terry und Neufeld zum Teil vereinfacht.

Das Modell von Terry beinhaltet die folgenden Operationen:

(1) register($\downarrow$Name)

(2) unregister($\downarrow$Name)

(3) lookup($\downarrow$Name, $\downarrow$Attr_Type, $\uparrow$Attr_Value)

(4) update($\downarrow$Name, $\downarrow$Operation_Type, $\downarrow$Attr_Type, $\downarrow$Attr_Value)

       Operation_Type: insert, delete, modify

(5) resolve($\downarrow$Name, $\uparrow$List of Servers)

Die Registrieroperation (1) fügt einen vorgegebenen Namen in den Namensraum ein und erzeugt ein zugehöriges "leeres" Objekt im Objektraum. (2) ist die Umkehroperation zu

(1). (3) und (4) bilden die typischen Datenbankoperationen auf den Attributen des Objektes mit dem Namen Name. Die Namensauflösung (5) schliesslich ist die Realisierung der Namensabbildung in einem verteilten System. Zu einem Objektnamen gibt sie die Liste derjenigen Server zurück, welche eine Kopie des Objektes verwalten. Für die Implementation der Operationen (1) - (4) wird die Namensauflösung verwendet.

Im Modell von Gerald Neufeld finden sich die Operationen:

 (1) create($\downarrow$Superior_Object, $\downarrow$Object)

 (2) destroy($\downarrow$Object)

 (3) add($\downarrow$Object, $\downarrow$Attr_Type, $\downarrow$Attr_Value)

 (4) delete($\downarrow$Object, $\downarrow$Attr_Type)

 (5) modify($\downarrow$Object, $\downarrow$Attr_Type, $\downarrow$New_Attr_Value)

 (6) resolve($\downarrow$Name, $\downarrow$Attr_Types, $\uparrow$Attr_Values)

 (7) search($\downarrow$Name, $\downarrow$Name_Expression, $\uparrow$List of Objects)

(1) und (2) entsprechen der Registrier- bzw. Löschoperation bei Terry. Da der Objektraum als Baum strukturiert ist, wird in (1) derjenige Knoten (Superior_Object) angegeben, an den das zu erzeugende Objekt (Object) "angehängt" werden soll. Die Argumente von Operation (1) sind die kanonischen deskriptiven Namen der entsprechenden Objekte, da die Objektdaten im Modell von Neufeld mit diesen Namen zusammenfallen. (3), (4) und (5) sind Mutationsoperationen auf Objektattributen. Sie verlangen als erstes Argument den kanonischen Namen des Objektes, dessen Daten mutiert werden. Weil bei diesem Modell der Objektraum ein Teil des Namensraumes ist (siehe Fig. 2.4), wird bei jeder Mutation der kanonische Objektname geändert. Die Operation (6) entspricht der Kombination der Namensauflösung und der Lookup-Funktion bei Terry. (7) ist eine mächtige Suchfunktion, welche beginnend beim Knoten Name einen Unterbaum des Objektraumes nach Objekten absucht, die einer vorgegebenen Bedingung (Name_Expression) genügen. So könnte man beispielsweise in einer Abfrage mit der Bedingung

 C = Schweiz and (O = Universität Zürich or O = ETH Zürich) and CN = Peter Meier

die Directory-Namen aller Personen "Peter Meier" an einer Zürcher Hochschule als Resultat erhalten.

Im Gegensatz zur Namensauflösung realisiert die Suchfunktion search eine Abbildung vom Namens- auf den Objektraum, die nicht eindeutig ist. Die Durchführung einer Suchoperation in einem Directory-System, das Neufelds Modell realisiert, ist meist wesentlich aufwendiger als eine Namensauflösung. Im Extremfall müssen sämtliche Server des Systems in die Suche einbezogen werden.

Da ein Directory-System vor allem Auskunftsdienste anbietet, werden die Operationen (6) und (7) besonders häufig ausgelöst. Der Anteil der anderen Operationen (1) - (5) ist im Vergleich zu diesen beiden verschwindend klein. Es ist die wesentliche Stärke von Neufelds Modell, dass bei der Resolve- und der Search-Funktion die Objekte nicht mit den kanonischen Namen, sondern mit eindeutigen Teilmengen davon (eben: deskriptiven Namen) bezeichnet werden können.

2.2 Anforderungen an Directory-Systeme

Von einem abstrakten Standpunkt aus betrachtet, ist ein Directory-System die Realisierung eines Informationsmodells, welches sich aus der Namenskonvention, dem Modell des Objektraumes und den zugehörigen Operationen zusammensetzt. In gleicher Weise kann man beispielsweise ein relationales Datenbankverwaltungssystem (RDBMS) als die Realisierung des relationalen Datenmodells und der relationalen Algebra ansehen.

Aus den Rahmenbedingungen für den Einsatz eines Directory-Systems (verteiltes System, viele Benutzer usw.) lassen sich eine Fülle von Anforderungen an ein solches System ableiten, die weit über die Eigenschaften des Informationsmodells hinausgehen.

Explizit formulierte Anforderungen an Directory-Systeme findet man in der Literatur bei [Mockapetris 84], [Lampson 86], [Lantz et al. 85] und [Slonim et al. 87]. Wir gehen zunächst von den fünf Punkten von [Lampson 86] aus, die wir stichwortartig aufführen und dann kommentieren. Darauf ergänzen wir diese Punkte durch Überlegungen anderer Autoren.

"large size"
Nach Lampson soll das System eine beliebige Grösse aufweisen können. Namensraum und Objektraum, sowie die Zahl der Organisationen, welche Teilsysteme betreiben, sollen nicht begrenzt sein.
Die Verwendung von hierarchischen Namens- und Objekträumen kommt dieser Forderung entgegen. Beispielweise kann ein baumartig strukturierter Namensraum an den Blattknoten erweitert werden, ohne dass die Eindeutigkeit der Objektnamen gefährdet wird.

"long life"
Es ist davon auszugehen, dass ein grosses Directory-System über eine längere Zeitspanne aufgebaut und betrieben wird. Das System muss demnach in der Lage sein, dynamisch zu wachsen und zu schrumpfen. Namen und Objekte müssen zur Laufzeit erzeugt und gelöscht werden können. Systemkomponenten, z.B. Server, müssen zugefügt bzw. abgeschaltet und Teilsysteme müssen angeschlossen oder abgehängt werden können, ohne dass das Gesamtsystem bei der Rekonfiguration stillgelegt werden muss.
Wie die Erfahrungen bei elektronischen Meldungsübermittlungsnetzen zeigen, sind solche Systeme jahrelang im Betrieb. In dieser Zeitspanne ändert sich ihre Konfiguration laufend. Der Rechnerpark, der die Systeme betreibt, und die Kommunikationsinfrastruktur werden dauernd modernisiert.

"high availability"
Ein Directory-System muss eine hohe Verfügbarkeit aufweisen, da es Hilfsdienste für verschiedene verteilte Systeme, meist Telematiksysteme, anbietet, deren Funktionsfähigkeit direkt vom Directory-Dienst abhängt. Mit dieser Forderung verknüpft ist der folgende Punkt.

"fault isolation"
Der Ausfall einzelner Komponenten oder Teilsysteme soll die Verfügbarkeit des Gesamt-systems möglichst wenig beeinträchtigen. Der Directory-Dienst muss in einer solchen Situation (die bei einem grossen System eher die Regel als die Ausnahme bildet) so weit wie möglich aufrechterhalten werden.

Die Erfüllung der letzten beiden Forderungen bedingt, dass die Objekte und die Information über die Konfiguration des Systems verteilt und zum Teil repliziert sind. Die Tat-sache, dass ein Objekt mehrfach gespeichert ist, soll einem Benutzer des Directory-Systems aber verborgen bleiben. Das System soll also eine transparente Sicht auf den Namens- und Objektraum ermöglichen[3].

"tolerance of mistrust"
Von seiner Konzeption her bietet ein Directory-System einen globalen Dienst an, an dem verschiedene Organisationen, die möglicherweise in Konkurrenz zueinander stehen, teil-haben. Es kann daher davon ausgegangen werden, dass keine Systemkomponente allen anderen Komponenten "traut", d.h. insbesondere keine Requests von nicht identifizierten Komponenten ausführt. Deshalb sind Authentifikationsmechanismen nötig für die Identi-fikation von Benutzern und System, wie auch von Systemkomponenten untereinander. Zudem müssen Berechtigungsschemata vorhanden sein, welche den Zugriff auf Directory-Daten regeln.

Soweit zu [Lampson 86]. Es folgt eine Liste weiterer Anforderungen an Directory-Systeme aus der Literatur.

"efficient support of transactions" [Slonim et al. 1987]
Die Forderung nach generell kurzen Ausführungszeiten von Operationen ist schwer zu er-füllen, da Directory-Systeme lose gekoppelte Systeme mit relativ langsamen Kommunika-tionsverbindungen sind. Hingegen ist es sinnvoll zu fordern, dass Anfragen auf Kosten der Mutationen möglichst effizient bearbeitet werden. Da ein Directory-System vielfach di-rekt oder indirekt von menschlichen Benutzern angefragt wird, sollten die Antwortzeiten von häufigen Abfragen im Sekundenbereich liegen.

Setzt man das Schwergewicht auf die Effizienz der Leseoperationen, so können Mutati-onen auf einer Menge von Objektkopien nicht als atomare Operationen durchgeführt wer-den. Vielmehr müssen die Konsistenzbedingungen für Mutationstransaktionen gelockert werden. Eine Folge davon ist, dass der Benutzer bloss "mit einer hohen Wahrschein-lichkeit" korrekte Daten auf eine Anfrage erhält. In der Praxis lässt sich mit dieser Ein-schränkung gut leben, da sich typische Objektdaten wie Telefonnummer, E-Mail-Adresse, Rechner-Adressen usw. selten ändern.

---

[3] Wir verwenden den Begriff "transparente Sicht" im Sinne von "globale Sicht". Das Wort "transparent" bedeutet, dass die Verteilung "nicht sichtbar" ist. "transparent" wird in dieser Bedeutung etwa bei [Ceri, Pelagatti 85] gebraucht. Leider trifft man diesen Begriff in der Literatur auch in umgekehrter Bedeutung an.

"generation of unique name structures in a distributed manner" [Slonim et al. 1987]
Diese Anforderung lässt sich in einem System mit einem hierarchischen Namensraum einfach erfüllen. Bei Directory-Systemen, die deskriptive Namen verwenden, bestehen hingegen Schwierigkeiten: Wie soll festgestellt werden, dass eine bestimmte Menge von Attributen nicht schon zur Bezeichnung eines Objektes im System verwendet wurde? [Peterson 88] löst dieses Problem mit der Einführung eines pro Objekt eindeutigen "Birthmark-Attributes". Petersons Ansatz scheint uns unbefriedigend, da das "Birthmark-Attribut" ein künstliches Unterscheidungsmerkmal von Objekten ist. Meist lassen sich Objekte nämlich auf "natürliche" Weise anhand von Attributen unterscheiden, welche Eigenschaften dieser Objekte repräsentieren.

Eine durchdachte Lösung zu diesem Problem, die auf der Verwendung eines hierarchischen Objektraumes und sogenannten registrierten Attributen beruht, findet man bei [Neufeld 89].

"a naming mechanism in the directory which is independent of the physical connectivity or topology of the system" [Slonim et al. 1987]
Diese Forderung hat zwei Aspekte. Der erste Aspekt besteht darin, dass der Namensraum global sein soll, d.h. dass ein Name an jedem Ort des Systems dasselbe Objekt bezeichnen soll. Dies bedeutet, dass das Resultat der Namensauflösung unabhängig von der Systemkomponente sein soll, auf der diese Operation ausgeführt wird. Wir fordern diese Eigenschaft für alle Operationen des Directory-Systems und nennen Systeme, bei denen das Resultat einer Operation unabhängig von der Komponente ist, auf der sie ausgelöst wird, *operationstransparent*.

Eine zulässige Einschränkung der Operationstransparenz von Directory-Systemen besteht bezüglich der Aktualität der Daten, die auf Grund einer Abfrage erhalten werden. Diese Einschränkung ist durch die Konsistenzbedingungen an Mutationsoperationen auf replizierten Daten festgelegt.

Der zweite Aspekt der obigen Forderung betrifft die Unabhängigkeit der Objektnamen von den Bezeichnungen der Komponenten eines Directory-Systems. Insbesondere sollen Objektnamen unabhängig von den Namen der Server, welche das Objekt verwalten, gewählt werden. Würden beispielsweise die beiden Server "Uni Zürich 1" und "Uni Zürich 2" die Objekte der Universität verwalten, so erfüllten die Namen

[Schweiz, Uni Zürich 1, Physik-Institut, Peter Meier]

[Schweiz, Uni Zürich 2, Geographisches Institut, Peter Meier]

die Forderung nicht. Diese Namenswahl würde eventuell die Namensauflösung vereinfachen, jedoch die Benutzerfreundlichkeit und die Flexibilität des Systems einschränken.

"support for multiple user-defined names" [Slonim et al. 1987]
Das System soll einen Benutzer darin unterstützen, lokale, d.h. ausschliesslich für ihn gültige Namen , z.B.

[Peter Meier] ,

zu definieren, welche dann vom System auf globale Namen, in unserem Beispiel:

[Schweiz, Universität Zürich, Physik-Institut, Peter Meier]

abgebildet werden. Zudem soll es für Gruppen von Benutzern möglich sein, einen lokalen Namensraum zu unterhalten.

Unserer Ansicht nach erhöht die Erfüllung der ersten der beiden obigen Forderungen zwar die Benutzerfreundlichkeit des Systems, ist aber nicht zu dessen wichtigen strukturellen Merkmalen zu rechnen. Die zweite Forderung, welche eine ähnliche Namenskonvention wie bei [Sollins, Clark 87] bedingt, ist für eine grosse Anzahl von Benutzergruppen und ein grosses System schwierig zu realisieren, da in diesem Fall eine Vielzahl von Namensräumen gleichzeitig administriert werden muss, und die Namensauflösung in einem solchen System im Vergleich zu Directory-Systemen, die einen einzigen Namensraum unterstützen, komplexer ist.

"support flexible external naming" [Lantz et al. 85]
Lantz et al. fordern die Einführung einer externen benutzerfreundlichen Namenskonvention, die dann vom System allenfalls auf eine interne Namenskonvention abgebildet wird. In ihrem System "Universal Directory Service" [Lantz et al. 85] haben die Autoren diese Forderung erfüllt. Dabei werden systemintern hierarchische Namen und aus Benutzersicht deskriptive Namen verwendet.

"permit easy addition of new object types" [Lantz et al. 85]
Das Modell des Objektraumes soll eine Erweiterung um neue Typen (oder Klassen) von Objekten zulassen. Dies ist zum Beispiel in den X.500-Empfehlungen vorgesehen. Allerdings sind dort keine Systemoperationen zur Definition von Objektklassen definiert.

"permit autonomy" [Lantz et al. 85]
Ein Directory-System soll eine Föderation von Teilsystemen sein, die von *Organisationen* autonom betrieben und verwaltet werden können. Organisationen kann man sich sowohl als staatliche Institutionen wie PTTs, öffentliche Verwaltungen oder Hochschulen, als auch als private Träger, z.B. Firmen oder Betreiber privater Auskunftsdienste, vorstellen. Die Organisationen benennen die Objekte in ihrem Zuständigkeitsbereich (im Rahmen der Namenskonvention), verwalten sie und halten die Objektdaten aktuell.

Die in diesem Abschnitt angeführten Anforderungen und Ziele konkurrieren teilweise miteinander. So spricht die Forderung nach effizienten Transaktionen für eine möglichst geringe Aufsplitterung und Redundanz der Daten im System, während Verfügbarkeit und Autonomie ein möglichst dezentrales System mit feiner Fraktionierung und grosser Datenredundanz verlangen. Wie bei allen Computersystemen konkurrieren auch bei Directory-Systemen Effizienzüberlegungen von Operationen einerseits und Sicherheitsanforderungen andererseits.

Als Résumé dieses Abschnitts führen wir einige Anforderungen an Directory-Systeme, die uns als besonders wesentlich erscheinen, in knapper Form auf.

Anforderungen an ein Directory-System

- Das System soll einem Benutzer als zentraler Dienst erscheinen, d.h. Datentransparenz und Operationstransparenz sollen gewährleistet sein.

- Dynamisches Wachsen und Schrumpfen des Gesamtsystems soll während des Betriebs möglich sein.

- Das System soll eine hohe Verfügbarkeit aufweisen. Der Ausfall von Komponenten soll die Funktionsfähigkeit des Gesamtsystems so wenig wie möglich beeinträchtigen (graceful degradation).

- Das System soll die Autonomie von Teilsystemen bezüglich der Namensvergabe und des Zugriffs auf die Objekte gewährleisten. Sicherheitsmechanismen sollen die Autonomie und Administration unterstützen.

2.3   Die Definition der Architektur eines Directory-Systems

Zum heutigen Zeitpunkt existieren, im Gegensatz zu anderen Typen von verteilten Systemen, erst wenige Directory-Systeme. Aus diesem Grund ist man sich in Fachkreisen zwar mehr oder weniger einig, welche Anforderungen an ein Directory-System zu stellen sind. Es hat sich aber noch keine einheitliche Meinung herausgebildet, welche architekturiellen Merkmale ein solches System typischerweise aufzuweisen habe, oder wie beim Design eines solchen Systems vorzugehen sei. Daher findet man kein Lehrbuch zum Thema "Wie baut man ein Directory-System?", im Gegensatz etwa zum Gebiet der verteilten Datenbanken, wo entsprechende Literatur vorhanden ist.

Die "wesentlichen Merkmale" eines Directory-Systems fassen wir unter dem Ausdruck *"Architektur eines Directory-Systems"* zusammen. Dabei sind wir uns bewusst, dass der Begriff "Architektur" in der Informatik in verschiedenen Bereichen mit unterschiedlicher Bedeutung verwendet wird. Spricht man beispielsweise von einer Rechnerarchitektur, so versteht man darunter eine Beschreibung von Hardwarekomponenten und ihres Zusammenwirkens. Unter der ANSI/SPARC-Architektur versteht der Datenbankfachmann ein Modell, in dem verschiedene Datensichten von Datenbankapplikationen beschrieben werden können. Spricht ein Softwareingenieur von der Architektur eines Softwaresystems, so meint er damit die Gliederung des Systems in Module und deren Interaktionen.

Für uns besteht die Architektur eines Directory-Systems aus einer Reihe von Konzepten und Modellen, welche die wesentlichen Eigenschaften des Systems festlegen. Eine Beschreibung der Architektur ist eine Definition des Systems auf konzeptioneller Ebene oder eine Spezifikation des Systems bis zu einem bestimmten Grad der Detailliertheit.

Die obige Charakterisierung des Begriffs "Architektur" ist bewusst offen gehalten. Sie bedarf der Ergänzung, welche Modelle bestimmend für ein Directory-System sind.

Zunächst geben wir aber zum besseren Verständnis eine zweite, ausgrenzende Definition der Architektur eines Directory-Systems:

Geht man von einem existierenden Directory-System aus und abstrahiert in der Beschreibung dieses Systems
- von der Hardware, auf der das System implementiert ist,
- vom Betriebssystem, das auf dieser Hardware installiert ist,
- von der Programmiersprache, in der das System geschrieben ist,
- vom Implementationskonzept, nach dem das System realisiert wurde,

so erhält man die Beschreibung der Architektur dieses Directory-Systems.

Es gilt nun, dieser Abstraktion Gestalt zu verleihen und sie in Modellen und Konzepten auszudrücken. Nach eingehendem Literaturstudium über existierende oder vorgeschlagene Directory-Systeme haben wir uns eine Liste von unserer Meinung nach relevanten "architekturiellen Parametern" zusammengestellt.

Die *Architektur eines Directory-Systems* wird bestimmt durch:

- Die *Gliederung* des Systems in Komponenten, deren Funktionalität, sowie die vom Kommunikationssystem angebotenen Dienste.

- Das *Informationsmodell* des Directory-Systems, also die Modelle von Namens- und Objektraum und die Directory-Operationen; speziell die Namensauflösung und eventuelle Umkehroperationen dazu.

- Die *Strategie der Verteilung der Objekte* auf die Komponenten des Systems und die Mechanismen, welche die Konsistenz der Datenbasis im verteilten System gewährleisten.

- Das *Modell der Meta- oder Konfigurationsdaten* eines Directory-Systems und das Konzept zu deren Verwaltung und Verteilung im System.

- Das *Modell der Sicherheitsmechanismen* zur Verhinderung von unbefugter Benutzung des Systems oder von Teilsystemen, insbesondere die Authentifikations- und Zugriffskontrollverfahren.

Die aufgelisteten fünf Modelle sind prinzipiell unabhängig voneinander oder, wie man auch sagt, orthogonal zueinander. Zum Beispiel ist die Funktionalität eines Servers im System unabhängig von der Wahl der Namenskonvention für Objekte, und diese ist wiederum losgelöst vom Mechanismus, der zur Synchronisation von Datenkopien gewählt wird usw. Dennoch wird man in einem konkreten System die Modelle teilweise aufeinander abstimmen; beispielsweise legen die Strukturen von Namens- und Objektraum gewisse Strategien zur Verteilung der Objekte nahe.

Jedes der fünf Modelle lässt sich fast beliebig verfeinern. Auch liesse sich die Liste erweitern oder die Architektur eines Directory-Systems mit anderen Konzepten oder

Modellen erfassen, besonders, wenn man in einigen Jahren mehr Erfahrung mit grossen Directory-Systemen gesammelt hat. Wir sehen diese Liste als eine Art Orientierungshilfe, womit sich bestehende Systeme analysieren, vergleichen und allenfalls Verbesserungen für künftige Systeme vorschlagen lassen.

Im Vergleich mit der einschlägigen Literatur wird sofort klar, dass viele Darstellungen von Directory-Systemen keine in unserem Sinne vollständigen Beschreibungen der Architektur enthalten. Bei [Terry 85] und [Neufeld 87] fehlen die Sicherheitsaspekte. Die X.500-Empfehlungen schweigen sich über eine Mutationsstrategie im Zusammenhang mit der Replikation von Daten aus und enthalten kein Konzept zur Modellierung und Verwaltung von Metainformation.

Es folgt eine Besprechung der einzelnen oben aufgeführten Modelle der Architektur eines Directory-Systems. Dabei wird oft auf die Ausprägung dieser Modelle in der Literatur verwiesen.

2.3.1 Die Gliederung eines Directory-Systems

Die Komponenten

Die Gliederung eines Directory-Systems in Komponenten wird oft "funktionales Modell" genannt. Komponenten identischen Typs bieten dieselben Dienste an und unterstützen dieselben Protokolle zum Datenaustausch mit anderen Systemkomponenten. Sie können sich natürlich unterscheiden in der Art der Implementation, in der Hard- und Softwareumgebung, in der sie arbeiten usw.
Die meisten Directory-Systeme weisen zwei Typen von Komponenten auf: Server und Clients.

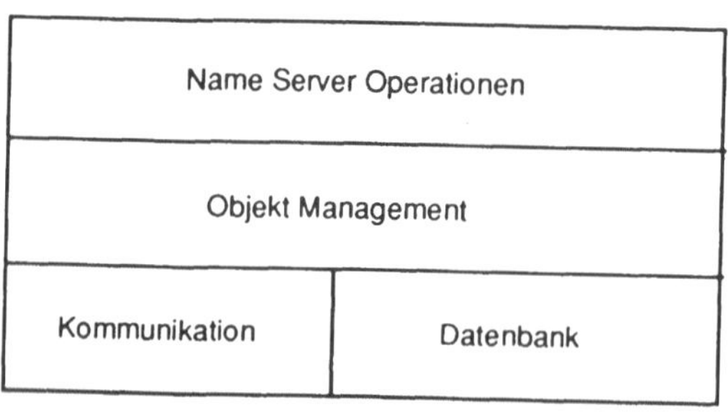

Fig. 2.7: Schichtenmodell eines Servers bei [Neufeld 87]

Die Server verwalten die Objekte des Directory-Systems sowie die Metadaten und beantworten Requests von Clients und anderen Servern. Die Funktionalität eines Servers lässt sich in Schichten unterteilen, wobei die unteren den oberen Schichten Dienste anbieten. Fig. 2.7 zeigt das Schichtenmodell eines Servers im Directory-System von [Neufeld 87]. Die oberste Schicht beinhaltet die Funktionalität des Servers, wie sie von Clients und anderen Servern in Anspruch genommen werden kann. Die mittlere Schicht bietet die

Manipulation von Objekten an, welche bezüglich der Verteilung und Replikation von Objekten im System transparent ist. Die Dienste der Kommunikationsinfrastruktur und der lokalen Datenverwaltung bilden die unterste Schicht.
In den X.500-Empfehlungen wird anstelle von "Server" der Ausdruck "Directory System Agent" verwendet.

Die Clients kommunizieren einerseits mit dem Benutzer des Directory-Systems und andererseits mit den Servern. Sie laufen vielfach auf der Maschine des Benutzers und bilden einen Teil einer oder mehrerer Applikationen des lokalen Systems. Sie sind im allgemeinen getrennt vom Benutzerinterface, welches für verschiedene Clients des Directory-Systems sehr verschieden aussehen kann.
In der Literatur findet man anstelle von "Client" die Bezeichnungen "Directory User Agent" (X.500), "Resolver" (Domain Name System), oder "Stub" (Clearinghouse).

Unterschiede zwischen Directory-Systemen bestehen hinsichtlich der sogenannten *Interaktionsmodi* der Komponenten, d.h. hinsichtlich des Kommunikationsverhaltens der Systemkomponenten bei der Bearbeitung eines Requests, der von einem Benutzer formuliert und vom Client an einen Server übermittelt wird. Prinzipiell bestehen zwei Möglichkeiten der Interaktion:

Bei den meisten Systemen (Domain Name System, Clearinghouse, Profile) gibt der Server auf einen Request einen "Hint" und ein Teilresultat zurück, falls er den Request nicht vollständig bearbeiten kann. Der Hint enthält Informationen, auf welcher Systemkomponente die Operation fortgesetzt werden kann. Der Ablauf der verteilten Operation wird bei diesem Interaktionsmodus vollständig vom Client kontrolliert (siehe Fig. 2.8). Dieses Verfahren hat den Vorteil, dass die Server des Systems wenig belastet werden.

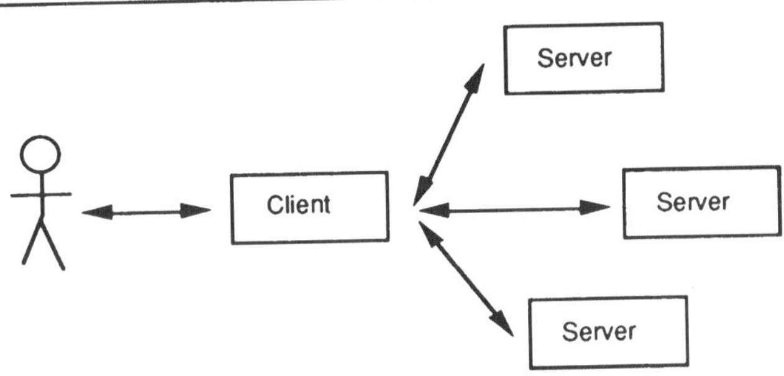

Fig. 2.8: Interaktion der Komponenten zur Bearbeitung eines Requests im Domain Name System

Der zweite mögliche Interaktionsmodus, den man beispielsweise in den X.500-Empfehlungen als Option findet, ist dadurch charakterisiert, dass ein Server die Kontrolle über den Ablauf der ganzen verteilten Operation übernimmt, in welche er allenfalls andere Server einbezieht. Ein Client kommuniziert in diesem Fall nur mit einem Server und hat eine transparente Sicht auf das System der Server.

Das Kommunikationssystem

Obwohl die Kommunikationsinfrastruktur, auf der Directory-Systeme aufsetzen, i.a. sehr heterogen ist (verschiedene LANs und WANs), sollten die Dienste, welche das Kommunikationssystem den Komponenten des Directory-Systems anbietet, homogen sein. Bezieht man sich auf das OSI-Modell zur Beschreibung der Kommunikation in offenen Systemen, so ist ein Directory-System als Applikation in die 7. Schicht dieses Modells einzuordnen. Das bedeutet, dass das Kommunikationssystem Dienste der 7. Schicht anbieten sollte, beispielsweise den "Remote Operation Service (ROS)" [X.219] oder den "Reliable Transfer Service (RTS)" [X.218].

Gemäss Definition betrachten wir lediglich die vom Kommunikationssystem angebotenen Dienste als Gegenstand der Architektur. In einer Verfeinerung der gewählten Architekturdefinition liessen sich Struktur und Gliederung des Kommunikationssystems miteinbeziehen. In diesem Falle wären auch die Protokolle (das sind die Regeln und Datenformate, welche den Informationsaustausch zwischen Instanzen des Kommunikationssystems festlegen) für die Betrachtung der Architektur eines Directory-Systems relevant.

Welche Kommunikationsdienste werden von Directory-Systemen gebraucht? Für die Abarbeitung von interaktiven Abfragen werden meist kleine Informationsmengen zwischen den Kommunikationspartnern ausgetauscht. Dafür ist ein rascher Verbindungsaufbau zwischen den Komponenten wichtig. Für diese Aufgabe ist eine Art "Remote Procedure Call" angebracht, wie ihn z.B. ROS unterstützt.

Updates auf Datenkopien werden i. a. nicht interaktiv durchgeführt. Eine Möglichkeit zur Realisierung von Mutationen, die bei [Neufeld 87] zu finden ist, besteht darin, Updates pro Datenfragment periodisch an Systemkomponenten zu publizieren. Bei den dabei auftretenden Datenübertragungen werden grössere Mengen von Informationen ausgetauscht. Eine kurze Übertragungszeit ist nicht wesentlich, dafür muss die Übertragung sicher sein. Diese Art Dienst bietet beispielsweise RTS an.

Die Unterstützung von verteilten Transaktionen durch das Kommunikationssystem ist für Directory-Systeme in ihrer heutigen Form weder sinnvoll noch nötig, weil die heute eingesetzten Kommunikationsressourcen dazu nicht ausreichen würden und man bei Directory-Systemen gewisse Einschränkungen bezüglich Datenkonsistenz zulässt (siehe Abschnitt über die Verteilung der Objekte).

Oft benutzen Meldungsübermittlungssysteme, welche einen Directory-Dienst für Kommunikationsteilnehmer anbieten, den Meldungsübermittlungsdienst für die Datenübertragung zwischen den Komponenten ihres Directory-Systems. CSNet, EAN, und EARN/BITNET arbeiten auf diese Weise. Der Nachteil dieser Art von Kommunikation liegt auf der Hand: Die Benutzer haben meist lange Antwortzeiten in Kauf zu nehmen, bedingt durch die "Store and Forward"-Technik der Datenkommunikation in Meldungsübermittlungssystemen.

2.3.2 Das Informationsmodell

Das Informationsmodell eines Directory-Systems ist in Abschnitt 2.1 ausführlich dargestellt. Es beinhaltet:

- Die Namenskonvention
- Das Datenmodell der Objekte und die Beschreibung der Struktur des Objektraumes
- Die Directory-Operationen

In diesem Abschnitt gehen wir auf einen Aspekt von Directory-Operationen ein, der in Abschnitt 2.1 nicht erwähnt ist und zum Verständnis der beiden Begriffe "White Page Service" und "Yellow Page Service" führt, welche im Zusammenhang mit Directory-Diensten in der Literatur verwendet werden.

Wir gehen von folgenden zwei Klassen von Operationen aus:

- Die "Ein-Objekt-Operationen", d.h. Lese- oder Mutationsoperationen, die ein einzelnes Objekt betreffen, wobei der Objektname als Parameter angegeben wird.
- Die Abbildungsoperationen zwischen Namens- und Objektraum .

Die fundamentale Abbildungsoperation in einem Directory-System ist die *Namensauflösung*. Sie realisiert die Namensabbildung vom Namensraum auf den Objektraum (siehe Fig. 2.1), indem sie für einen Objektnamen entweder die Menge der Server, die das Objekt dieses Namens verwalten, oder aber einen Fehler zurückgibt, falls der Name nicht im Namensraum liegt, also kein Objekt bezeichnet.

Die Ein-Objekt-Operationen basieren auf der Namensauflösung. Die Ausführung einer solchen Operation besteht darin, dass zunächst die Namensauflösung für den Objektnamen durchgeführt wird und anschliessend auf Servern, welche Kopien des Objektes verwalten, Objektmanipulationen ausgeführt werden.

Bei Umkehroperationen zur Namensabbildung werden die Namen zu Objekten gesucht, deren Daten vorgegebene Suchkriterien erfüllen.

Betrachten wird die drei Leseoperationen, welche das Domain Name System anbietet:

- Die "simple queries", bei denen Objektdaten zu einem gegebenen Namen, z.B.

    [Schweiz, Universität Zürich, Physik-Institut, Peter Meier] ,

    gesucht werden,
- die "completion queries", wo Objektdaten zu einem unvollständigen Namen, z.B.

    [Schweiz, Universität Zürich, * , P* Meier] ,

    bestimmt werden (das Metazeichen "*" steht für eine Folge von 0 oder mehr druckbaren Zeichen), und
- die "inverse queries", wo Namen von Objekten ermittelt werden, von denen ein Attribut bekannt ist, z.B.:

    Phone = +41 1 257 1345

Die beiden ersten Operationen basieren auf der Namensauflösung resp. einer Erweiterung davon, die letzte ist eine Umkehroperation zur Namensabbildung.

Dienste oder Operationen von Directory-Systemen, welche auf dem Namensauflösungsmechanismus beruhen, werden oft als *White Pages Services* bezeichnet.

Stützen sich Dienste auf eine Umkehroperation zur Namensabbildung ab, nennt man sie *"Yellow Pages Services"*.

Es ist eine charakteristische Eigenschaft der heutigen Directory-Systeme, dass Yellow Pages Services im Gegensatz zu White Pages Services enorm aufwendig sind. Der Grund dafür ist in der Strategie zur Verteilung der Objekte in einem Directory-System zu suchen, welche anhand der Objektnamen beschrieben werden kann. Es ist relativ einfach, mit Hilfe des Namens ein Objekt im System zu lokalisieren. Weist der Namensraum beispielsweise die Struktur eines gerichteten Graphen auf, so kann die Namensauflösung als Traversierung dieses (verteilten) Graphen interpretiert und die Pfade auf dem Graphen können als Zugriffspfade zu den Objekten gedeutet werden. Die Umkehroperation zur Namensabbildung bedingt hingegen oft das Durchsuchen eines Grossteils des (verteilten) Objektraumes. Wegen des Aufwandes, den "Yellow Pages Services" benötigen, bieten die meisten Directory-Systeme diese Art von Diensten, wenn überhaupt, nur mit Einschränkungen an.

Das von Neufeld vorgeschlagene Directory-System [Neufeld 87], das deskriptive Namen verwendet, lässt eine Relativierung der Aussage des oberen Abschnittes zu. Beim Informationsmodell dieses Systems ist der Objektraum ein Teil des Namensraumes (Fig. 2.6) und somit existiert keine scharfe Trennung zwischen White Pages Services und Yellow Pages Services. Ein Directory-System nach Neufeld kann so konfiguriert werden, dass die Abfragen mit Angabe der Objektnamen

    [C = Schweiz, O = Universität Zürich, OU = Physik-Institut, CN = Peter Meier] ,

und

    [CN = Peter Meier, O = Universität Zürich]

dieselbe Anzahl Verarbeitungsschritte erfordert. Für die zweite Abfrage müsste zum Beispiel in einem X.500-System ein Yellow Pages Service in Anspruch genommen werden. Dennoch wird die Suche nach einem Objekt mit der Charakterisierung

    [Phone = +41 1 257 1345]

bei Neufeld ähnlich ineffizient verlaufen wie in jedem anderen Directory-System.

2.3.3 Die Verteilung der Objekte

Verteilungsstrategien

Die Notwendigkeit zur Verteilung der Daten in einem Directory-System resultiert aus den Forderungen nach Verfügbarkeit und Effizienz des Systems. Teilweise ergibt sich die Verteilung in natürlicher Weise, indem autonome Teilsysteme zu einem transparenten, grösseren Directory-System zusammengeschlossen werden.

Man kann die Verteilung der Daten in einem Directory-System nach einem Modell darstellen, das bei verteilten Datenbanksystemen angewandt wird [Ceri, Pelagatti 85]: Zunächst wird der Datenraum (in unserem Falle der Objektraum) in nichtüberlappende Fragmente aufgeteilt. Eine solche Aufteilung nennt man Partitionierung. Anschliessend werden die Fragmente auf einem oder mehreren Servern alloziert. Man sagt auch:

Ein Fragment wird von einem oder mehreren Servern verwaltet. Im allgemeinen verwaltet ein Server mehr als ein Datenfragment.

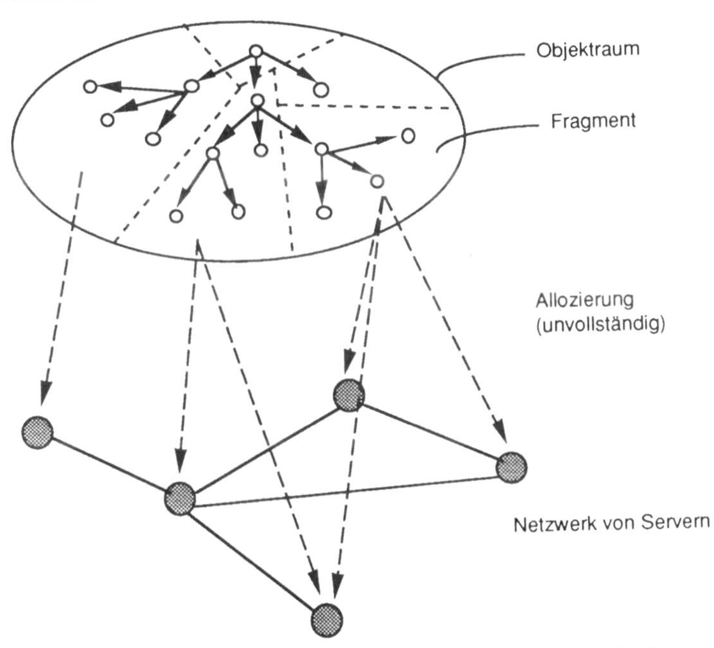

Fig. 2.9: Mögliche Partitionierung eines hierarchischen Objektraumes und Allozierung der Fragmente

Eine Partitionierung des Objektraumes ergibt sich in natürlicher Weise aus dessen innerer Struktur. In den allermeisten Fällen ist der Objektraum eine Hierarchie oder ein anderer gerichteter Graph. Meist ist diese Struktur durch die Namensabbildung vom Namensraum induziert (siehe Abschnitt 2.1). Eine einfache Möglichkeit zur Partitionierung besteht darin, dass Unterbäume des globalen Baumes die Fragmente bilden. Die Objekträume der Systeme Grapevine, Clearinghouse und Global Name Service sind nach diesem Verfahren partitioniert. Eine andere, etwas allgemeinere Methode besteht darin, zusammenhängende Teilgraphen des globalen Graphen im Objektraum als Fragmente zuzulassen. Fig. 2.9 zeigt ein Beispiel dazu. Diese Methode wird im Domain Name System und im X.500-Standard angewandt. Die Fragmente werden bei diesem System und im Standard "zones" resp. "naming contexts" genannt.

Das kleinste denkbare Fragment besteht bei allen Systemen aus einem einzelnen Objekt. Die feinstmögliche Fragmentierung in einem Directory-System wird also durch das Objekt bestimmt. In der Realität hat man sich Fragmentgrössen von 10^2-10^4 Objekten vorzustellen, was der Anzahl Kommunikationsentitäten (Benutzer, Geräte usw.) einer Organisation entspricht.

Eine Untersuchung, welche die Abhängigkeit der Performance von Directory-Service-Operationen von der Verteilung und Replikation der Objekte am Beispiel von Grapevine aufzeigt, findet man bei [Terry 85].

Eine weitere Art der Verteilung von Daten bei Directory-Systemen entsteht beim Gebrauch von Caches. Die Idee eines Cache beruht auf der Annahme, dass gewisse Anfrageoperationen, welche nicht-lokale Datenbestände involvieren, gehäuft auftreten und es sich daher lohnt, Antworten oder Zwischenergebnisse eines Requests in Systemkomponenten zwischenzuspeichern. Die Verwendung von Caches auf Systemkomponenten kann die Leistungsfähigkeit eines Directory-Systems erheblich steigern. Der grosse Nachteil eines Cache, nämlich die Feststellung der Aktualität der Daten, fällt bei Directory-Systemen nicht so stark ins Gewicht, da diese die Aktualität der Ergebnisse auf Abfragen ohnehin nicht vollständig garantieren. Weitere Überlegungen zur Verwendung von Caches in Directory-Systemen findet man in [Sheltzer et al. 86].

Mutationsoperationen auf replizierten Daten und Probleme der Datenkonsistenz

Es ist ein Merkmal von Directory-Systemen, dass verschiedene Operationen gleichzeitig auf dieselben Daten zugreifen können. Möglicherweise wird ein bestimmtes Objekt mutiert und zur gleichen Zeit wird eine Kopie dieses Objektes gelesen, oder verschiedene Mutationsoperationen werden gleichzeitig auf Kopien desselben Objektes ausgeführt. Der Grund hierfür ist technischer Natur: Während sich Locking-Mechanismen auf den einzelnen Servern relativ leicht realisieren lassen (fast jedes Betriebssystem und jedes gute DBMS bietet entsprechende Unterstützung an), führt deren Realisierung auf einem grossen Netz mit vielen Servern, stark redundanten Datenbeständen und relativ langsamen Kommunikationsverbindungen zu unakzeptabler Performance des Gesamtsystems.

Aus dem obigen Abschnitt geht hervor, dass ein Directory-System kaum je eine konsistente Datenbasis aufweist. Die Bedingungen, welche man an ein Directory-System bezüglich der Konsistenz seiner Daten stellt, werden oft unter dem Begriff "weak consistency" zusammengefasst. Eine solche (sehr) schwache Konsistenzbedingung wäre etwa, dass die Datenbasis eines Directory-Systems, falls keine Mutationen mehr ausgeführt werden und alle Server aktiv sind, in endlicher Zeit zu einem "konsistenten Zustand" konvergiert. Butler Lampson meint dazu, dass es kaum sinnvoll sei, vom *Zustand* der Datenbasis eines Directory-System zu sprechen, da sich dieser praktisch nicht feststellen liesse. Man müsste nämlich zu einem bestimmten Zeitpunkt das gesamte System stoppen und den Zustand der einzelnen Server auslesen, was unmöglich ist [Lampson 86].

Die Abfrage eines Directory-Systems liefert also nicht in jedem Fall aktuelle Daten, sondern bloss "mit einer hohen Wahrscheinlichkeit" korrekte Daten. Dies bedeutet in der Praxis keine grosse Einschränkung, da die mittlere Änderungszeit eines Objektes im Vergleich zur Mutationszeit sehr gross ist. D.h., der Zeitraum, während dem typische Objektdaten wie Rechneradressen oder Telefonnumern gültig sind, ist viel grösser als die Zeitspanne, die benötigt wird, um auf allen Kopien eines Objektes eine Mutation auszuführen. In Grapevine z.B. dauert eine solche Mutation einige Minuten, falls alle Server aktiv sind.

Die Einschränkungen an die Konsistenz der Daten in einem Directory-System bedeutet aber nicht, dass sich das Verhalten des Systems nicht exakt beschreiben liesse. [Lampson 86] legt der Beschreibung seines Systems ein Modell zu Grunde, das von einer Menge kommunizierender Prozesse ausgeht. Die Prozesse sind auf Systemkomponenten alloziert und führen dort atomaren Operationen aus. An die Mutationsoperationen stellt er die folgenden drei Bedingungen:

- Totalität: eine Mutationsoperation kann zu jeder Zeit ausgeführt werden.
- Kommutativität: die Reihenfolge, in der die Operationen ausgeführt werden, ist irrelevant für deren Resultat.
- Idempotenz: die mehrfache Ausführung einer Operation hat dieselbe Auswirkung wie eine einmalige Ausführung.

Aus diesen drei Eigenschaften lässt sich ableiten, dass eine Menge von Mutationsoperationen auf einem Datenbestand dessen Wert eindeutig festlegt.
Die getroffenen Annahmen erlauben es dem Autor, eine exakte Spezifikation der Leseoperationen für ein Directory-System mit nicht-deterministischem Verhalten zu geben.

Die meisten Strategien zur Durchführung von Mutationen auf replizierten Objekten verwenden Versionsnummern für Objekte oder Datenfragmente und basieren auf Time-Stamp-Verfahren.
Bei einigen Systemen, z.B. beim Domain Name System oder in einer Vorversion des X.500-Standards, wird eine Mutation zuerst auf einer sogenannten Masterkopie eines Objektes ausgeführt und danach auf den anderen Kopien des Systems nachgetragen. Andere Systeme wie Grapevine, Clearinghouse oder Global Name Service behandeln alle Kopien eines Objektes als gleichberechtigt.
Bei vielen Systemen (wie Grapevine oder Clearinghouse) sind die Server, auf denen ein Objekt zuerst mutiert wird, dafür verantwortlich, dass die Mutation auf allen Kopien des Systems ausgeführt wird. Ein anderer Ansatz geht dahin, dass jeder Server selbst verpflichtet ist, seine Daten aktuell zu halten, und sich die Mutationen auf den Datenfragmenten, die er verwaltet, periodisch von anderen Servern beschafft.

Ausführlich beschriebene Mutationsverfahren für Directory-Systeme findet man bei [Lampson 86], [Neufeld 87] und [Plattner, Zogg 88].

2.3.4 Die Metadaten

Definition

Metadaten bestehen aus Information über das Directory-System selbst, welche der Directory-Dienst für die Ausführung seiner Operationen braucht. Zu den Metadaten zählen wir die Beschreibung der Verteilung der Objekte, eine Beschreibung der Systemkomponenten und Information zur Authentifikation und Zugriffskontrolle.

In erster Linie ermöglichen diese Daten den Zugriff auf die Objekte in einem verteilten Directory-System. Der wichtigste Mechanismus in einem Directory-System, der die Metadaten benutzt, ist die Namensauflösung.

Metadaten beinhalten Angaben über die Konfiguration eines Directory-Systems. Deshalb werden sie auch *Konfigurationsdaten* genannt [Terry 85]. Wir verwenden die beiden Ausdrücke synonym. In den X.500-Empfehlungen spricht man von "Knowledge Information" anstelle von Metadaten. Bei verteilten Datenbanken haben sich die Begriffe "Data Dictionary" oder "Catalog" für Teilsysteme durchgesetzt, welche Metadaten verwalten.

Auf alle Fälle sind die Metadaten von der Information zu unterscheiden, die das System als Dienstleistung für Benutzer verwaltet. Diese Information nennen wird die *Benutzerdaten* oder *Applikationsdaten* eines Directory-Systems.

Die Modellierung und Verwaltung von Metadaten

Bei (verteilten) relationalen Datenbanken werden die Metadaten in Form von Relationen dargestellt und mit denselben Operationen manipuliert wie die Relationen der Applikationen.

Es ist deshalb naheliegend, Metadaten in Directory-Systemen als Objekte zu modellieren, ihnen Namen zuzuweisen und sie mit denselben Operationen zu verwalten wie die Benutzerdaten. Systeme wie Grapevine, Clearinghouse oder die Directory-Systeme bei [Terry 85] verwenden diese Art der Modellierung und Verwaltung von Metainformation. Bei diesen Systemen unterscheidet man also zwei Klassen von Objekten: die *Meta- oder Konfigurationsobjekte* auf der einen und die *Benutzerobjekte* auf der anderen Seite.

Ein anderer Ansatz zur Modellierung der Metadaten besteht darin, diese als Teil der Benutzerdaten zu betrachten. Dabei werden den Benutzerobjekten spezielle Attribute zugefügt. Solche Attribute markieren beispielsweise in den hierarchischen Objekträumen des Domain Name Systems oder dem System von [Neufeld 87] die Fragmentgrenzen und legen auf diese Weise die Partitionierung der Objekträume fest.

In den X.500(88)-Empfehlungen ist der Zugriff auf Metadaten über Directory-Operationen nicht vorgesehen. Dies wird sich möglicherweise in einer späteren Fassung des Standards ändern.

Die Verteilung der Metadaten

Die einfachste Lösung, welche ein Architekt eines Directory-Systems bezüglich der Verteilung der Metadaten wählen kann, ist die vollständige Replikation dieser Information auf allen Servern, wie das etwa bei Grapevine der Fall ist. Bei Systemen, welche wesentlich mehr Server und einen komplexeren Namensraum als Grapevine aufweisen, ist der Aufwand zur Realisierung dieser Lösung zu gross. So müsste beispielsweise beim Zufügen eines neuen Servers zum Directory-System oder bei der Änderung der Allozierung eines Fragmentes die Metainformation auf sämtlichen Servern geändert werden.

Andererseits benötigt jeder Server eine minimale Information, die sicherstellt, dass ein gültiger Objektname im System aufgelöst werden kann, d.h., dass von jedem Client im

System auf jedes Objekt in der Directory-Datenbasis zugegriffen werden kann. In Clearinghouse beispielsweise ist die Metainformation derart verteilt, dass ein Client ein Objekt durch Kontaktierung von maximal drei Servern im System lokalisieren kann.

Eine Studie über die Verteilung von Metainformation zur Optimierung der Namensauflösung bei X.500-Systemen findet man bei [Benson 88].

2.3.5 Die Sicherheitsmechanismen

Mechanismen zur Verhinderung von unbefugter Benutzung des Systems und von unberechtigtem Zugriff auf Objekte haben bei Directory-Systemen einen hohen Stellenwert, da verteilte Systeme anfälliger auf Attacken solcher Art sind als zentrale Systeme, und sich darüber hinaus ein Directory-System in eine Vielzahl autonom verwalteter Teilsysteme gliedert, die von unterschiedlichen, eventuell konkurrierenden, Organisationen betrieben werden.

Zwei wichtige Merkmale im Bereich der Sicherheit von Directory-Systemen sind die Mechanismen der Authentifikation und der Zugriffskontrolle auf Objekte des Systems.

Die Authentifikation

Unter Authentifikation versteht man die Identifikation von Kommunikationspartnern untereinander. In einem verteilten System ist die Authentifikation eines Benutzers gegenüber dem System oder einem Teilsystem oder die gegenseitige Identifikation von Systemkomponenten von Interesse. Prinzipiell sind bei Directory-Systemen dieselben Verfahren zur Authentifikation anwendbar wie bei anderen verteilten Systemen.

Die naheliegendste Methode zur Authentifikation zweier Kommunikationsteilnehmer, welche beispielsweise bei der Implementation von Grapevine realisiert wurde, besteht im Austausch von unverschlüsselten Passwörtern. Andere Methoden, die höheren Sicherheitsanforderungen genügen und nicht nur die Authentifikation zweier Kommunikationspartner, sondern die Authentifikation des Absenders von Information und die Verschlüsselung dieser Information erlauben, basieren auf den Public-Key-Vefahren ([Diffie, Hellman 76], [Rivest et al. 78]). Diesen Verfahren ist gemeinsam, dass ein Kommunikationspartner mit Hilfe seines öffentlichen, d.h. für alle Kommunikationspartner zugänglichen Schlüssels identifiziert werden kann.

Die Information zur Authentifikation, seien dies offene oder verschlüsselte Passwörter oder öffentliche Schlüssel, werden durch das Directory-System selbst verwaltet. Oft wird ein Directory-System auch dazu verwendet, Authentifikationsinformation für andere verteilte Systeme in Form von Objekten oder Attributen zu verwalten.

Die Zugriffskontrolle

Hat sich sich ein Teilnehmer beim System oder einem Teilsystem identifiziert, so müssen die Zugriffsrechte auf Daten bekannt sein, welche dieses System oder Teilsystem speichert.

Bei Directory-Systemen werden die Zugriffsrechte oft mittels sogenannter *Zugriffskontrollisten* (access control lists) realisiert. Schemata dieser Art werden bei Clearinghouse und dem Global Name Service verwendet und sind in die Diskussion für eine zukünftige Version der X.500-Empfehlungen einbezogen. Man findet Zugriffskontrollisten nicht nur bei verteilten Systemen. Beispielsweise legen solche Listen die Berechtigungen für die Ausführung von Operationen auf Files und Directories in einem Unix-Betriebssystem fest.

Eine Zugriffskontrolliste bezieht sich auf eine Dateneinheit und kann beispielsweise als Boolsche Matrix mit den Berechtigungsmerkmalen "lesen", "mutieren", "testen auf Gleichheit" auf der einen und den verschiedenen Benutzerklassen auf der anderen Koordinate aufgefasst werden. Die Dateneinheit kann auf verschiedenen Ebenen der Datenmodellierung wie "Attribut eines Objektes", "Objekt", oder "Menge von Objekten" (z.B. Teilbaum eines hierarchischen Objektraumes) gesehen werden. Damit wird z.B. ermöglicht, bestimmten Benutzerklassen den Zugriff auf gewisse Teile des Objektraumes zu verwehren oder bestimmte Attribute nur Kommunikationsteilnehmern der eigenen Organisation zugänglich zu machen.

Zugriffskontrollisten können in Form von zusätzlichen Attributen zu entsprechenden Objekten im Directory-System verwaltet werden.

3 Eine Prolog-basierte Spezifikationssprache

In diesem Kapitel wird eine logische Sprache festgelegt, die in den folgenden Teilen der Arbeit zur Spezifikation der Architektur von Directory-Systemen benutzt wird. Gemäss den Zielsetzungen der Arbeit soll es diese Sprache ermöglichen, exakte, kompakte, gut lesbare, deklarative und ausführbare Spezifikationen zu schreiben.

Die Spezifikationssprache soll auf der Programmiersprache Prolog basieren. Da Prolog aus Effizienzgründen viele Einschränkungen gegenüber einer "reinen logischen Sprache" aufweist, ist es nicht ratsam, diese Sprache selbst als Spezifikationssprache zu wählen. Die Konstrukte der Spezifikationssprache werden aber in Prolog dargestellt, um die Spezifikationen auf einem Prolog-System ausführbar zu machen.

Für das Verständnis dieses Kapitels werden Grundkenntnisse in Prolog, wie sie etwa in [Sterling, Shapiro 86] vermittelt werden, und gewisse Grundbegriffe der logischen Programmierung [Lloyd 87] vorausgesetzt. In der Arbeit wird die sogenannte "Edinburgh-Syntax" von Prolog, die sich in den letzten Jahren als de-facto-Standard durchgesetzt hat, verwendet. (Ein ISO-Standard für Prolog ist in Vorbereitung.)

Nach einer kurzen Charakterisierung von Prolog im nächsten Abschnitt werden in einem folgenden Abschnitt Konzepte einer logischen Sprache, die als Spezifikationssprache in dieser Arbeit verwendet werden soll, behandelt. Anschliessend wird die Spezifikationssprache definiert und deren Darstellung in Prolog besprochen.

3.1 Prolog

Prolog ist ein Akronym für *Prog*ramming in *Log*ic. Es ist eine Programmiersprache, die auf Konzepten der mathematischen Logik aufbaut. Die Forschungen, die schliesslich zur Entwicklung von Prolog führten, gehen auf die frühen 70er Jahre zurück. Zwei unterschiedliche Gebiete haben damals die Konzeption dieser Sprache beeinflusst [Cohen 88]: Die Untersuchungen von künstlichen und natürlichen Sprachen, welche von einer Gruppe um Alain Colmerauer in Marseille geführt wurden, sowie die Problematik des automatischen Theorembeweisens, die von Robert Kowalski und Mitarbeitern in Edinburgh studiert wurde. Zur Verbreitung von Prolog hat die Entwicklung von effizienten Interpretern und Compilern Mitte bis Ende der 70er Jahre beigetragen, an der D.H.D. Warren wesentlich beteiligt war [Cohen 88]. Prolog ist heute bezüglich Verarbeitungszeit und Speicherplatzbedarf seiner Programme vergleichbar mit der Sprache Lisp, welche schon früher für ähnliche Problemstellungen verwendet wurde.

Heute wächst die Zahl der Anwendungsgebiete, in denen Prolog mit Vorteil eingesetzt werden kann. Viele Projekte im Bereich der künstlichen Intelligenz verwenden Prolog als Implementationssprache. Daneben bietet sich Prolog als Hilfsmittel für ausführbare

Spezifikationen im Bereich des Software Engineerings und für die Erstellung inkrementeller Prototypen an.

3.2 Eine logische Programmiersprache

In diesem Abschnitt wird eine logische Sprache vorgestellt, welche in den folgenden Kapiteln der Arbeit als Spezifikationssprache verwendet werden soll. Das mathematische Fundament dieser Sprache bildet die *Hornklausel-Logik*, welche als Teil der Prädikatenlogik 1. Stufe betrachtet werden kann.

Gewisse Grundbegriffe der logischen Programmierung wie Substitution, Unifikation, Resolution etc. werden in diesem Abschnitt nicht weiter erklärt. Auch werden die Konzepte in der Regel nur informell beschrieben. Eine Definition dieser Begriffe und die Ausarbeitung der Konzepte findet man beispielsweise im Buch von Lloyd [Lloyd 87].

3.2.1 Hornklauselprogramme

"Term", "Klausel", "Prädikat" und "Programm" bilden die Konstrukte der logischen Sprache, die fortan betrachtet werden soll.

Ein *logisches Programm* P ist eine endliche Menge universell abgeschlossener prädikatenlogischer Formeln folgender Art:

$$A \leftarrow B_1, ..., B_n \quad n \geq 0$$

Diese Formeln nennt man Klauseln, genauer Hornklauseln. A bezeichnet den Kopf der Klausel und die Liste $B_1, ..., B_n$ deren Rumpf. A und die B_i sind atomare Formeln. Die Sprechweise für eine Klausel lautet:

"A, falls B_1 und .... und B_n",

oder auch

"wenn B_1 und .... und B_n, dann A".

Eine Klausel, deren Rumpf leer ist, bzw. für die n=0 gilt, bezeichnet man als Fakt.

Atomare Formeln, die in Klauseln vorkommen, sind Terme der Form

$$f(t_1, t_2, ..., t_n) \quad n \geq 0$$

wobei f ein Funktorname ist und die Argumente t_i ebenfalls Terme sind. Die einfachsten Terme sind Konstante oder Variable.

Ein *Prädikat* wird aus einer Menge von Klauseln gebildet, deren Köpfe Terme mit demselben Funktornamen und derselben Stelligkeit sind. Man kann also sagen, ein logisches Programm bestehe aus einer Menge von Prädikaten.

Unter der *Abarbeitung* eines logischen Programms P versteht man die Konstruktion eines Beweises eines existentiell quantifizierten Zieles G ausgehend von der Menge der Axiome (das sind die Klauseln) von P. G lässt sich allgemein als Konjunktion atomarer Teilziele schreiben:

$$G_1, ..., G_k \quad k \geq 1$$

Ein mögliches Verfahren zur Konstruktion eines solchen Beweises, das auf dem Resolutionsprinzip und der Unifikation von Termen beruht, ist die *SLD-Resolution*[4]. Der Beweis von G aus dem Programm P mittels SLD-Resolution kann (in endlich vielen Schritten) gelingen oder fehlschlagen, oder er kann auch nicht terminieren. Falls er gelingt, sind die durch die SLD-Resolution ermittelten Variablenbindungen von G das Resultat der Abarbeitung. Zu G können mehrere (gelungene) Beweise existieren. In diesem Fall liefert die Abarbeitung des Programms P bezüglich G mehrere Resultate.

Dem Beweis eines Ziels G aus einem Programm mittels SLD-Resolution kann ein Baum, der sogenannte *SLD-Baum*, zugeordnet werden. Bei der Konstruktion eines Beweises wird der SLD-Baum aufgebaut und traversiert. Die Wurzel des SLD-Baumes stellt das zu beweisende Ziel G dar, die Knoten repräsentieren die noch zu beweisenden Teilziele und die Kanten entsprechen den Resolutionsschritten. Die Kanten sind mit den Substitutionen markiert, welche bei der Unifikation von Teilziel und Klauselkopf vorgenommen werden. Diejenigen Blattknoten des Baumes, welche eine leere Liste von Teilzielen enthalten, repräsentieren die erfolgreichen Beweise des Ziels G. Die übrigen Blattknoten repräsentieren Fehlschläge beim Beweis von G.

Die SLD-Resolution ist kein deterministisches Verfahren. Um einen deterministischen Algorithmus zu erhalten, müssen mehrere Entscheidungen getroffen werden. So bestimmt die bei einem Resolutionsschritt zu treffende Wahl eines Teilziels aus einer Liste von Teilzielen (computation rule) die Struktur des SLD-Baumes. Auch die Art der Traversierung des Baumes (beispielsweise "depth first" oder "breadth first") bei der Konstruktion von Beweisen, die sogenannte "Search Rule", ist frei wählbar, solange sie sogenannt "fair" ist.

Einem logischen Programm kann eine deklarative und eine prozedurale Semantik zugeordnet werden. Die *deklarative Semantik* basiert auf dem Begriff der logischen Folgerung (logical consequence), die *prozedurale Semantik* basiert auf dem Begriff der Herleitbarkeit, also auf dem Verfahren zur Konstruktion eines Beweises oder, anders ausgedrückt, der Abarbeitung eines logischen Programms.

Ein wichtiges Resultat der logischen Programmierung ist, dass die SLD-Resolution eine prozedurale Semantik für ein logisches Programm bildet. Dies bedeutet, dass alle Ziele G, die logische Folgerungen eines Programms P sind, mittels SLD-Resolution hergeleitet werden können; und umgekehrt sind alle mittels SLD-Resolution hergeleiteten Ziele G logische Konsequenzen des Programms P. Anders gesagt: Die SLD-Resolution ist ein vollständiges und korrektes Herleitungsverfahren für ein logisches Programm.

---

[4] SLD ist ein Akronym für "Linear resolution with Selection function for Definite clauses". Die SLD-Resolution geht auf R. Kowalski zurück.

3.2.2 Negation

Die Ausdrucksmöglichkeit von Hornklauselprogrammen kann durch Negation erweitert werden, indem man zulässt, dass Ziele im Rumpf einer Klausel negiert sind. Programme, die Klauseln solcher Art enthalten, nennt man (nach Lloyd) *normale Programme*.

Die Bedeutung der Negation in normalen Programmen differiert von der Bedeutung, welche die Negation in der klassischen Logik besitzt. Im Bereich deduktiver Datenbanken, einem Anwendungsgebiet der logischen Programmierung, wird oft ein Ansatz angewandt, nach dem Information, die nicht im Programm enthalten ist oder daraus gefolgert werden kann, als "nicht wahr" betrachtet wird. Bei dieser Art der Negation wird, informell ausgedrückt, "nicht wahr" auf "nicht beweisbar" reduziert.

Es gibt verschiedene Vorschläge, die Bedeutung der Negation im obigen Sinne in der logischen Programmierung zu formalisieren. Ein bekannter Ansatz hierzu ist die "Closed World Assumption" von Reiter, welche aber zu Schwierigkeiten bei der Berechnung führt [Shepherdson 88]. Ein damit verwandtes deklaratives Konzept, das in dieser Arbeit verwendet werden soll, beruht auf der sogenannten *Vervollständigung* (completion) eines Programms P. Anstatt logische Folgerungen bezüglich P werden logische Folgerungen bezüglich der Vervollständigung comp(P) betrachtet. Damit basiert die deklarative Semantik eines Programms P auf dem erweiterten Programm comp(P).

Von einem normalen Programm P ausgehend erhält man dessen Vervollständigung comp(P), indem man P durch die "genau-dann-Hälften" der Prädikatdefinitionen erweitert. (Aus technischen Gründen werden noch Axiome der Gleichheit dem Programm P beigefügt.) Enthält beispielsweise das Programm P zur Definition eines Prädikats A die drei folgenden Klauseln

$$A \leftarrow B_1$$

$$A \leftarrow B_2$$

$$A \leftarrow B_3$$

was eine andere Darstellung für die Formel

$$(^*) \qquad A \leftarrow (B_1 \vee B_2 \vee B_3)$$

ist, so enthält comp(P) die erweiterte Formel

$$(^{**}) \qquad A \leftrightarrow (B_1 \vee B_2 \vee B_3)$$

Das heisst, die Bedeutung eines Prädikats A bezüglich der Vervollständigung von P ist die Formel (**). Ist ein Prädikat B in P nicht definiert, so kann die Negation von B aus comp(P) gefolgert werden.

Als prozedurales Konzept der Negation, das leicht und effizient zu implementieren ist, gilt die die "Negation as Failure"-Regel. Diese besagt, dass die Negation eines atomaren Ziels G aus einem Programm P gefolgert werden kann, falls ein Beweis für G mittels SLD-Resolution nach endlich vielen Schritten abgeschlossen und misslungen ist (finite failure).

Die SLD-Resolution kann durch die "Negation as Failure"-Regel zur sogenannten *SLDNF-Resolution* erweitert werden. Diese stellt ein Verfahren für die Abarbeitung normaler Programme dar.

Ein weiteres wichtiges Resultat der logischen Programmierung ist nun, dass die SLDNF-Resolution eine "sehr gute" prozedurale Semantik für die Vervollständigung eines normalen Programms bildet. Dies bedeutet, dass für signifikante Klassen von logischen Programmen die SLDNF-Resolution ein vollständiges und korrektes Herleitungsverfahren bezüglich der Vervollständigung eines Programms ist.

Möchte man die Hornklausellogik durch Negation derart erweitern, dass ein logisches Programm eine einfach zu verstehende deklarative Semantik besitzt, und zugleich sicherstellen, dass dessen Abarbeitung effizient berechnet werden kann, so stösst man auf ausserordentliche Schwierigkeiten. Dies legt Shepherdson in einem ausführlichen Artikel dar [Shepherdson 88]. Zur Zeit gilt die Vervollständigung eines Programms als "beste" deklarative Semantik für die SLDNF-Resolution.

3.3 Prolog als Realisierung einer logischen Programmiersprache

Der Kern der Programmiersprache Prolog wird vom "reinen Prolog" (pure Prolog) gebildet. Das reine Prolog ist eine mögliche Ausprägung der im obigen Abschnitt besprochenen logischen Programmiersprache.

Ein Prolog-Programm wird nach einer Variante der SLD-Resolution abgearbeitet, bei der bei einem konjunktiven Ziel

$$G_1, ..., G_k \qquad k \geq 1$$

stets das erste Teilziel G_1 aus der Liste der zu beweisenden Teilziele abgearbeitet wird. Der SLD-Baum wird von einem Prolog-System "depth first" traversiert.

Die "Negation as Failure"- Regel ist in Prolog-Systemen gewöhnlich durch ein Systemprädikat (not) realisiert.

Das reine Prolog zusammen mit der Negation (im Sinne von "Negation as Failure") bildet eine (bezüglich Speicherplatz und Abarbeitungszeit) effiziente Realisierung einer logischen Programmiersprache mit SLDNF-Resolution. Nach theoretischen Gesichtspunkten ist diese Realisierung aber unbefriedigend, da die prozedurale Semantik eines Prolog-Programms die Semantik der SLDNF-Resolution teilweise schlecht annähert.

Die Abarbeitungsstrategie von Prolog ist nämlich unvollständig und kann überdies zu inkorrekten Herleitungen führen: Die "depth first"-Traversierung des SLD-Baumes hat zur Folge, dass eine Lösung u.U. nicht gefunden werden kann, falls der Baum unendliche Zweige aufweist. Damit ist das Herleitungsverfahren von Prolog unvollständig. Zusätzlich kann die Herleitung eines Beweises inkorrekt sein, da (aus Effizienzgründen) in den meisten Prolog-Systemen auf die Ausführung des sogenannten Occurs-Check[5] verzichtet wird.

---

[5] Der Occurs-Check verhindert die Unifikation von Termen wie X und s(X). Diese beiden Terme besitzen nämlich keine endlichen gemeinsamen Instanzen.

Schliesslich wird bei der Abarbeitung von negierten Zielen meist auf die Überprüfung einer Sicherheitsbedingung (safeness condition)[6] verzichtet, was ebenfalls zu inkorrekten Beweisen führen kann.

Ein Prolog-Programmierer muss die erwähnten Unzulänglichkeiten von Prolog kennen, um korrekte Programme zu erstellen. In der Regel lässt sich ein Prolog-Programm so schreiben, dass alle Beweise zu einem Ziel gefunden werden, und dass die Resultate der Abarbeitung korrekt sind. Dies bedeutet, dass in einem solchen Fall die prozedurale Semantik des Prolog-Programms mit der Semantik des entsprechenden normalen Programms (mit SLDNF-Resolution als Abarbeitungsstrategie) zusammenfällt.

3.4 Die Spezifikationssprache

Unsere Wahl der Spezifikationssprache ist durch folgenden Gedankengang motiviert: Wegen der Ausführbarkeit benutzen wir Prolog zur Darstellung der Spezifikationen. In einem Prolog-System ist eine Variante der SLDNF-Resolution als Abarbeitungsstrategie realisiert. Die aufgezeigten Schwächen dieser Variante sprechen dafür, dass man nicht Prolog, sondern eine "reine logische Sprache" (mit SLDNF-Resolution als Herleitungsverfahren) zur Spezifikation verwendet. Für die SLDNF-Resolution bildet die Vervollständigung eine mögliche deklarative Semantik. Diese Semantik macht, wie wir kurz ausführen werden, für unseren Anwendungsbereich Sinn.

3.4.1 Definition

Die Spezifikationssprache zur Beschreibung der Architektur von Directory-Systemen besteht aus der Sprache der Hornklausellogik, erweitert durch Negation. Die Vervollständigung eines logischen Programms bildet die Basis für die deklarative Semantik, die SLDNF-Resolution bestimmt die prozedurale Semantik der Spezifikationen.

Grundsätzlich lassen sich mit der Spezifikationssprache (Daten)-Strukturen und Relationen zwischen diesen Strukturen durch Terme und Prädikate ausdrücken. Bei Directory-Systemen lassen sich Namen, Objekte, Metadaten usw. durch solche Strukturen darstellen. Mittels Relationen können beispielsweise Zusammenhänge zwischen Objekten und Datenfragmenten zur Festlegung der Verteilung der Objekte oder die Beziehungen zwischen funktionalen Komponenten zur Beschreibung des Systemverhaltens spezifiziert werden.

Die Semantik der Vervollständigung eines logischen Programms ist für unseren Anwendungsbereich sinnvoll: Wir spezifizieren bestimmte architekturielle Aspekte eines Directory-Systems vollständig. Eigenschaften, die sich nicht aus der Spezifikation herleiten lassen, betrachten wir daher als "nicht wahr" bezüglich der Architektur des entsprechenden Systems.

---

[6] Die Sicherheitsbedingung für ein negiertes Ziel ist erfüllt, falls dieses zum Zeitpunkt der Abarbeitung keine ungebundenen Variablen enthält.

Beim Lesen einer Spezifikation steht für uns die deklarative Semantik im Vordergrund. Die prozedurale Semantik ist interessant im Hinblick auf eine prozedurale Realisierung der Spezifikation, d.h. mit Blick auf eine mögliche Implementation eines Systems mit spezifizierter Architektur auf einem Verbund von Rechnern.

3.4.2 Darstellung der Spezifikationssprache in Prolog

Wir benutzen das "reine Prolog", erweitert um ein Systemprädikat für die Negation, zur Darstellung der Spezifikationssprache. Die Abarbeitungsstrategie eines Prolog-Systems widerspiegelt das Abarbeitungsmodell eines normalen Programms, da diese Strategie eine Variante der SLDNF-Resolution ist.

Der Entscheid, in einer "reinen logischen Sprache" zu spezifizieren und die Spezifikationen in Prolog darzustellen, impliziert, dass wir einen Unterschied zwischen dem Lesen und dem Erstellen einer Spezifikation machen. Für das *Lesen* einer Spezifikation genügt es, die Spezifikationssprache mit der festgelegten deklarativen und prozeduralen Semantik zu kennen. Für das *Erstellen* der Spezifikation muss die Sprache Prolog beherrscht werden. Spezifikationen sind so zu schreiben, dass sich die Unzulänglichkeiten eines Prolog-Systems nicht auf die Abarbeitung der Spezifikationen auswirken. Die Erfahrung hat gezeigt, dass dies für unseren Anwendungsbereich möglich ist. [7]

Die Trennung zwischen Spezifikations- und Darstellungssprache ermöglicht, die Vorteile der Einfachheit und Exaktheit der logischen Sprache einerseits und der Ausführbarkeit von Prolog andererseits zu verbinden.

Im Hinblick auf die Ziele der Arbeit ermöglicht die Wahl der Spezifikationssprache, exakte und deklarative Spezifikationen zu schreiben. Die (verglichen mit anderen Notationen zur Beschreibung von Directory-Systemen) einfache Syntax der Spezifikationssprache bildet eine wichtige Voraussetzung zur Erstellung gut lesbarer Spezifikationen. Durch die Darstellung der Spezifikationen in Prolog sind diese in einer Prolog-Umgebung ausführbar.

---

[7] Grundsätzlich besteht die Möglichkeit, Spezifikationen zu erstellen, ohne sich um die Nachteile der Abarbeitungsstrategie eines Prolog-Systems zu kümmern. Dazu müsste man einen Metainterpreter in Prolog schreiben, der die SLDNF-Resolution vollständig und korrekt realisiert. Dieser Metainterpreter könnte dann die Spezifikationen auf einem Prolog-System abarbeiten.

4 Eine Architektur nach Terry

1985 hat D.B. Terry eine Architektur für Directory-Systeme vorgestellt, die wegweisende Konzepte für die Modellierung, Verteilung und Verwaltung von Metadaten enthält [Terry 85]. Diese Konzepte finden sich teilweise in neueren Architekturen ([Neufeld 87], [X.500]) wieder. Die in [Terry 85] beschriebene Architektur bildet den Gegenstand dieses Kapitels.

Wir verfolgen in diesem Kapitel nebeneinander mehrere Ziele. Einerseits möchten wir die Architektur in Form eines *Tutoriums* beschreiben und wichtige Entwurfsentscheidungen begründen. Gleichzeitig soll das Kapitel eine *Spezifikation* der Architektur, die in der Prolog-basierten Spezifikationssprache verfasst ist, enthalten. Zur Erläuterung von Aspekten der Architektur wird ein einfaches Beispielsystem eingeführt, dessen Applikations- und Konfigurationsdaten in Prolog dargestellt sind.

Besonderes Gewicht legen wir auf die Beschreibung des Mechanismus der Namensauflösung, welcher *schrittweise entwickelt* wird. Damit soll aufgezeigt werden, inwiefern sich die Spezifikationssprache eignet, Konzepte in kompakter und leicht lesbarer Form zu entwickeln und darzustellen.

Die Spezifikation der Architektur soll *ausführbar* sein. Um ein Directory-System, das dieser Architektur entspricht, simulieren zu können, werden Schnittstellenspezifikationen für die Dienste des Kommunikationssystems und der Datenverwaltung eines Servers angegeben.

Terry ist bei der Beschreibung seiner Architektur [Terry 85] nicht immer präzis, lässt gelegentlich Details offen und diskutiert manchmal mehrere Varianten eines Aspektes. Unsere Darstellung soll stets exakt und vollständig sein. Zudem wollen wir uns jeweils auf eine Variante festlegen. Unser Ziel ist es, eine möglichst exakte, gut lesbare und vollständige Spezifikation der Architektur eines Directory-Systems, welche die Ideen von Terry enthält, zu erarbeiten. Unterschiede zwischen unserer Spezifikation und Terrys Beschreibung sind im Abschnitt 4.9 aufgeführt.

Für das Studium des Kapitels werden Grundkenntnisse der Architektur eines Directory-Systems (Kapitel 2) und der Sprache Prolog, sowie die Kenntnis der Spezifikationssprache (Kapitel 3) vorausgesetzt.

Im Text dieses Kapitels wird fortan auf die Angabe der Referenz [Terry 85] verzichtet, wenn aus dem Zusammenhang klar ist, dass auf diese Quelle Bezug genommen wird.

Im nachfolgenden Kapitel 5 wird die Spezifikationsmethode, die der Darstellung dieses Kapitels zugrunde liegt, explizit dargestellt. Insbesondere wird dort auf die Semantik der Spezifikationen eingegangen.

In Kapitel 6 wird am Beispiel der Architektur dieses Kapitels gezeigt, wie ein in der Spezifikationssprache festgelegtes Directory-System simuliert werden kann.

4.1 Das Informationsmodell

Ein Directory-System verwaltet *Objekte.* Ein Objekt ist charakterisiert durch seinen *Namen* und seine Objektdaten. Namen sind syntaktische Konstrukte, die Objekte identifizieren. Regeln, welche die zulässigen Namen für ein Directory-System festlegen, gehören zur *Namenskonvention* für ein solches System.

Das Informationsmodell bildet den Kern der Architektur eines Directory-Systems. Beim Design eines Systems wird das Informationsmodell zuerst festgelegt. Es beinhaltet die Struktur des Namens- und des Objektraumes, sowie die Operationen auf und zwischen diesen Räumen.

4.1.1 Der Namensraum

Gemäss der Namenskonvention, die in dieser Architektur verwendet wird, bestehen Namen aus einer Liste von stringwertigen Komponenten N_i[1]:

$$[N_1, ..., N_k] \quad k \geq 0$$

Wir stellen Namen als Prolog-Listen dar. Ein Beispiel eines Namens, der aus 4 Komponenten besteht, ist:

['Schweiz', 'ETHZ', 'IFI', 'Zogg']

$$[N_1, ..., N_k] \quad k \geq 0$$

Spez. 4.1: Das Modell der Objektnamen

Die Architektur weist einen *hierarchischen Namensraum* auf: Der Namensraum wird beschrieben durch eine Hierarchie von Namenskomponenten, die einen speziellen gerichteten Graphen bilden. Die Namen der Objekte sind Pfadnamen auf diesem Graphen und ergeben sich durch Aneinanderreihen von Namenskomponenten. Gültige Namen sind diejenigen Pfadnamen, die von der Wurzel zu einem Blattknoten dieses Graphen führen. Der Wurzel des Graphen ist die "leere" Komponente $\emptyset$ (Prolog-Schreibweise: []) zugeordnet.

Fig. 4.1 zeigt ein Beispiel eines derart modellierten hierarchischen Namensraumes. Die darin enthaltenen Objektnamen werden fortan bei Beispielen verwendet. Ein Name aus diesem Namensraum ist:

['Schweiz', 'ETHZ', 'IFI', 'Zogg']

---

[1] Gemäss der Konvention, die auch für Prolog verwendet wird, werden die Variablen in formalen Darstellungen stets gross geschrieben.

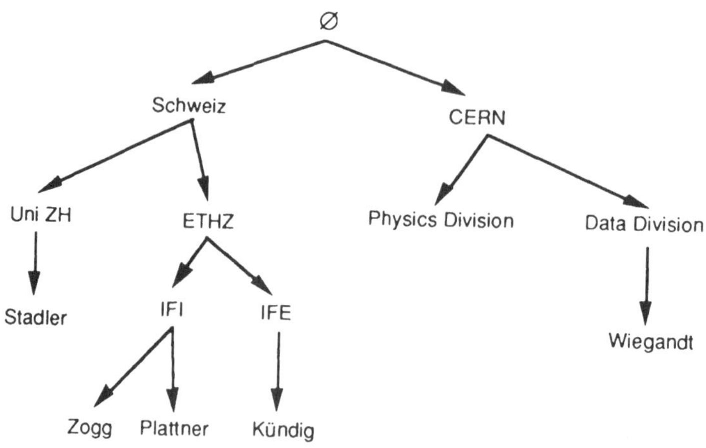

**Fig. 4.1: Namenskomponenten in einem hierarchischen Namensraum.
Gültige Namen sind Pfadnamen von der Wurzel bis zu einem Blatt.**

4.1.2 Der Objektraum

Wie Spez. 4.2 zeigt, fassen wir die Objekte in der Architektur als zweistellige Relationen auf.

```
Object_Type(Name, Data)
```

Spez. 4.2: Das Modell der Objekte

Wir unterscheiden grundsätzlich zwischen zwei Typen von Objekten. Diejenigen Objekte, welche das Directory-System als Dienstleistung für seine Benutzer verwaltet, nennen wir *Benutzerobjekte*. Als *Konfigurationsobjekte* bezeichnen wir jene Objekte, welche Daten über die Konfiguration des Systems enthalten. Systemmechanismen wie die Namensauflösung greifen auf diese Daten zu, nicht aber Benutzer. Im Abschnitt über Metadaten werden die Konfigurationsobjekte ausführlich beschrieben.

Benutzerobjekte lassen sich durch die Relation
```
user_object(Name, Data)
```
darstellen. Die Objektdaten (Data) setzen sich aus einer Menge von Attributen zusammen, die wir als Tupel der Gestalt
```
user_tuple(Name, Attr_Type, Attr_Value)
```
modellieren und als Prolog-Fakten darstellen. Ein Attribut kann also als ein Typ-Wert-Paar aufgefasst werden, das einem bestimmten Objekt zugeordnet ist.

Die Objektdaten zum Benutzerobjekt mit dem Namen
```
['Schweiz', 'ETHZ', 'IFI', 'Zogg']
```

könnten folgende Tupel sein:

```
user_tuple(['Schweiz', 'ETHZ', 'IFI', 'Zogg'], 'Phone', '256 52 23').
user_tuple(['Schweiz', 'ETHZ', 'IFI', 'Zogg'], 'E-Mail', 'zogg@ethz.uucp').
user_tuple(['Schweiz', 'ETHZ', 'IFI', 'Zogg'], 'Role', 'staff member').
```

4.1.3 Die Directory-Operationen

In diesem Abschnitt beschreiben wir die Schnittstellen der Directory-Operationen. Jede Schnittstelle wird als Term der Form $Op(X_1, ..., X_n)$ dargestellt. Der Operationsname Op stimmt mit dem Funktornamen des Terms überein, die Operationsparameter X_i sind die Argumente des Terms. Ein- ($\downarrow$) und Ausgabeparameter ($\uparrow$) werden durch Pfeile, die den Parameternamen vorangestellt werden, markiert.

Die Semantik jeder Directory-Operation wird in den folgenden Abschnitten durch ein logisches Programm spezifiziert.

Das Informationsmodell beinhaltet die folgenden Directory-Operationen:

---

(1) register($\downarrow$Name)

(2) unregister($\downarrow$Name)

(3) lookup($\downarrow$Name, $\downarrow$Attr_Type, $\uparrow$Attr_Value)

(4) insert($\downarrow$Name, $\downarrow$Attr_Type, $\downarrow$Attr_Value)

(5) delete($\downarrow$Name, $\downarrow$Attr_Type)

(6) modify($\downarrow$Name, $\downarrow$Attr_Type, $\downarrow$Old_Attr_Value, $\downarrow$New_Attr_Value)

(7) resolve($\downarrow$Name, $\uparrow$List of Servers)

Spez. 4.3: Die Directory-Operationen

Die Registrieroperation (1) fügt einen vorgegebenen Namen in den Namensraum ein und erzeugt ein zugehöriges "leeres" Objekt im Objektraum. Operation (2) ist die Umkehroperation zu (1). Das Entfernen eines Objektes aus dem Objektraum bedingt das Löschen aller Attribute dieses Objektes im System.

Die Operationen (3) - (6) bilden die typischen Datenbankoperationen auf den Attributen vom Typ Attr_Type und Wert Attr_Value des Objektes mit dem Namen Name.

Für die Spezifikation der Operationen (1) - (6) wird die sogenannte *Namensauflösung* (7) verwendet. Die Namensauflösung ist die Realisierung der Namensabbildung (die Abbildung des Namens- auf den Objektraum) in einem verteilten System. Zu einem Objektnamen (Name) gibt sie die Liste derjenigen Server (List of Servers) zurück, welche eine Kopie des Objektes verwalten.

4.2   Die Komponenten des Directory-Systems

Die Gliederung eines verteilten Systems in Komponenten wird oft "funktionales Modell" genannt. Ein funktionales Modell enthält verschiedene Typen von Komponenten. Alle Komponenten desselben Typs bieten dieselben Dienste an und unterstützen dieselben Protokolle zum Datenaustausch mit anderen Systemkomponenten. Unsere Architektur weist zwei Typen von Komponenten auf (*Name Server* und *Name Agent*), die durch ein Kommunikationsmedium (Network) untereinander verbunden sind (Fig. 4.2). Im folgenden werden auch die kürzeren Begriffe "Server" und "Agent" anstelle von "Name Server" und "Name Agent" verwendet.

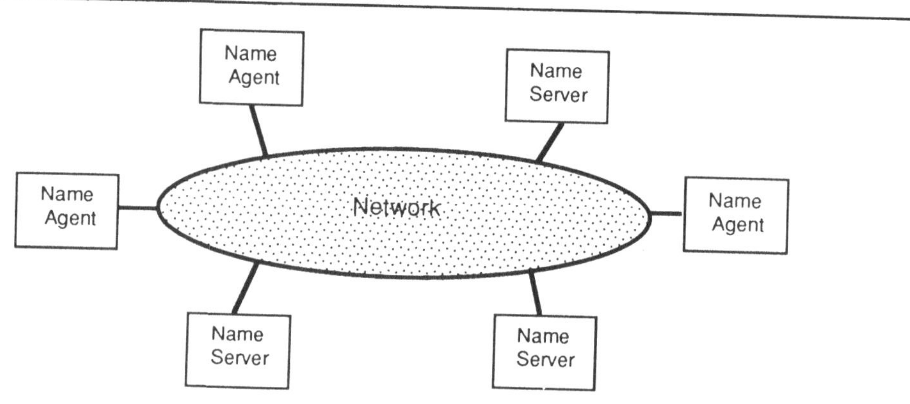

Fig. 4.2: Das funktionale Modell der Architektur

Name Server verwalten die Objekte des Directory-Systems und führen Operationen, welche von Name Agents und anderen Servern des Systems initiiert werden, aus. Der Objektraum des Directory-Systems ist in einzelne Fragmente aufgeteilt, welche auf verschiedenen Servern teilweise oder vollständig repliziert sind (Abschnitt 2.3).

Name Agents kommunizieren einerseits mit dem Benutzer des Directory-Systems und andererseits mit den Servern. Sie stellen einem Benutzer die Directory-Operationen zur Verfügung. Indem sie an der Benutzerschnittstelle die Verteilung und Replikation der Objekte im System verbergen, bieten sie eine transparente Sicht auf den Datenbestand. Die Abarbeitung einer Operation, welche auf einem Name Agent aufgerufen wird, kann mehrere Teiloperationen auf verschiedenen Komponenten des Directory-Systems erfordern.

Im folgenden benutzen wir oft das in Fig. 4.3 dargestellte Beispielsystem zur Illustration der Spezifikation. Die Konfiguration dieses Systems besteht aus drei Name Servern und einer Anzahl Name Agents mit dem ausgezeichneten Agent "myagent".

Die Komponenten der Architektur lassen sich durch Relationen der Form

```
Comp_Type(Comp_Name)
```

darstellen. In dieser Architektur sind die beiden Komponententypen name_server und name_agent bekannt.

Die Komponenten des Beispielsystems können als Prolog-Fakten angegeben werden, z.B.:

```
name_server(server_cern).

name_agent(myagent).
```

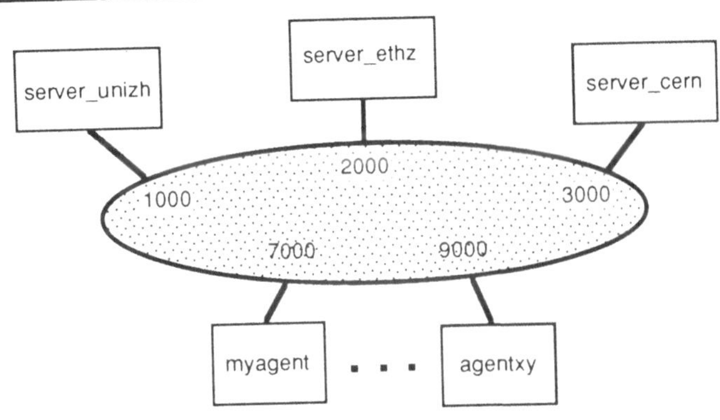

Fig. 4.3: Die Komponenten des Beispielsystems mit ihren Namen und Adressen

4.3   Das Kommunikationssystem

In dieser Architektur bietet das Kommunikationssystem (in Fig. 4.2 als "Network" bezeichnet) einen "Remote Procedure Call" (*RPC*) an. Über die Schnittstelle des RPC kann
eine Systemkomponente eine Operation auf einer anderen Komponente aufrufen. Der RPC
ist blockierend. Das heisst, ein RPC-Aufruf terminiert auf der aufrufenden Komponente,
sobald die Operation auf der aufgerufenen Komponente ausgeführt worden ist und
allfällige Resultate an der Schnittstelle verfügbar sind. Die Komponenten werden
bezüglich des Kommunikationssystems mittels eindeutiger Netzwerkadressen identifiziert
(siehe Fig. 4.3).

```
rem_proc_call(↓Op_Name, ↓↑Args, ↓Address)
```

Spez. 4.4: Die Schnittstelle zum Kommunikationssystem

Die Schnittstelle des RPC ist in Spez. 4.4 dargestellt. Durch den Aufruf von rem_proc_call
wird die Operation mit Namen Op_Name und Argumentliste Args auf der Systemkomponente mit Adresse Address ausgeführt. Die Funktionalität dieser Schnittstelle wird in
einem folgenden Abschnitt spezifiziert.

Die Zuordnung von Namen zu Adressen von Komponenten wird durch die Relation

```
locate(Comp_Name, Comp_Addr)
```

beschrieben. Im Beispielsystem gilt die Beziehung:

```
locate(server_cern, 3000)
```

Diese Relation wird später als Operation spezifiziert (Spez. 4.16).

4.4 Das Schichtenmodell der Komponenten

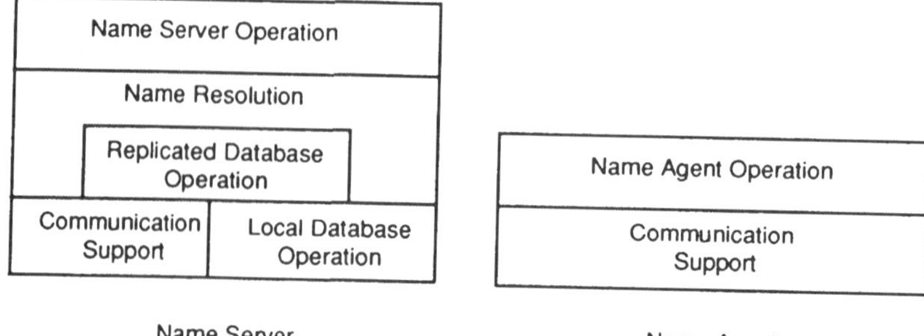

Fig. 4.4: Das Schichtenmodell der Komponenten

Die Funktionalität von Systemkomponenten lässt sich in Schichten aufteilen, wobei tiefere Schichten höheren Schichten oder anderen Komponenten des Systems Dienste in Form von Operationen anbieten. Aus Fig. 4.4 ist eine mögliche Aufteilung von Name Server und Name Agent in Schichten ersichtlich. Eine Auflistung der einzelnen Operationen der Schichten ist in Fig. 4.5 angegeben.

```
Name Agent Operation
     register
     unregister
     lookup
     insert
     delete
     modify

Name Server Operation
     server_register
     server_unregister
     server_lookup
     server_insert
     server_delete
     server_modify

Name Resolution
     name_resolution

Replicated Database Operation
     repl_query
     repl_add_tuple
     repl_delete_tuple
     repl_modify_tuple

Local database Operation
     query
     add_tuple
     delete_tuple
     modify_tuple

Communication Support
     rem_proc_call
```

Fig. 4.5: Die Schichten der Systemkomponenten und ihre Operationen

Die Schicht "Name Agent Operation" stellt die Directory-Operationen einem Benutzer des Systems zur Verfügung. Diese werden mit Hilfe der Schicht "Communication Support" auf entsprechende Operationen der Schicht "Name Server Operation" eines Servers abgebildet. Die Schicht "Name Resolution" realisiert den Dienst der Namensauflösung in einem verteilten Directory-System, während die Schicht "Replicated Database Operation" ermöglicht, auf Objekte, deren Daten auf mehreren Servern des Systems repliziert sein können, zuzugreifen. Die Schicht "Local Database Operation" schliesslich bietet die lokalen Datenverwaltungsfunktionen eines Name Servers an.

4.4.1 Die Spezifikation der Schichten und ihrer Operationen

Wie werden die Funktionalität der Schichten, die Operationen, welche sie anbieten, und die Schnittstellen, über welche diese ansprechbar sind, spezifiziert?

Wir beschreiben jede Operation durch ein Prädikat. Die *Schnittstelle* einer Operation legen wir durch Angabe eines Funktors, die Benennung der Argumente und die Kennzeichnung der Ein- und Ausgabeparameter fest. Eine Operation Op, die auf der Systemkomponente Comp aufgerufen wird und die Argumente Arg_1, ..., Arg_n unterstützt, hat die Schnittstelle:

    Op(Comp, Arg$_1$, ..., Arg$_n$)

Dabei fehlen noch die Angaben, ob es sich bei einem Argument um einen Eingabe-($\downarrow$), einen Ausgabe-($\uparrow$) oder einen Ein/Ausgabe-Parameter ($\downarrow\uparrow$) handelt. (Ein Ein/Ausgabe-Parameter ist eine Struktur, welche Variablen enthält, die bei der Ausführung der Operation bestimmt werden.)

Beispiele zweier Schnittstellen von Operationen sind:

    rem_proc_call($\downarrow$Comp, $\downarrow$Proc_Name, $\downarrow\uparrow$Args, $\downarrow$Address)

    query($\downarrow$Comp, $\downarrow\uparrow$Tuple_Spec)

Der *Aufruf* einer Operation auf einer Systemkomponente entspricht dem Aufruf des entsprechenden Prädikats als Ziel, wobei die Eingabeparameter und der Komponentenname im Ziel gebunden sind. Das *Ausführen* der Operation entspricht dem Beweis des Ziels resp. der Abarbeitung des Ziels bezüglich der Spezifikation der Schichten und der Konfiguration des Directory-Systems.

Nach erfolgtem Aufruf kann eine Operation auf zwei Arten *terminieren*. Bei der erfolgreichen Terminierung werden die Ausgabeparameter an der Schnittstelle zurückgegeben. Das heisst, der Beweis des Ziels gelingt, und die Ausgabeparameter werden gebunden. Im zweiten Fall tritt bei der Ausführung der Operation eine Fehlersituation ein, was bewirkt, dass keine Resultatparameter zurückgegeben werden. Das zugehörige Ziel schlägt in diesem Fall fehl.

Der Aufruf einer Datenbankabfrage auf dem Server server_ethz im Beispielsystem kann als Aufruf des Ziels

    query(server_ethz, user_tuple(['Schweiz','ETHZ','IFI','Zogg'],'Phone',Phone)) ausgedrückt werden, was als Resultat

```
Phone = '256 22 21'
```

liefert. Dieser Operationsaufruf hat also erfolgreich terminiert.

Die Operationen der Schichten "Communication Support" und "Local Database Operation" sind (im Gegensatz zu den übrigen Schichten) nicht in der Spezifikationssprache geschrieben. Die Prolog-Programme, welche diese Operationen darstellen, enthalten Konstrukte, die Seiteneffekte verursachen (Spez. 4.6) oder die Abarbeitung eines Programms beeinflussen (Spez. 4.5) und deshalb nicht zur Spezifikationssprache gehören. Diese Prolog-Programme legen lediglich das gewünschte funktionale Verhalten der Operationsschnittstellen fest. Wir sprechen deshalb von *Schnittstellenspezifikationen*. Diese ermöglichen die Ausführbarkeit der Spezifikation der Architektur und damit die Simulation des Directory-System in einer Prolog-Umgebung.

Die Spezifikation der Schichten "Communication Support", "Local Database Operation" und "Replicated Database Operation" wird in nachfolgenden Unterabschnitten behandelt, während die Schichten "Name Resolution", "Name Server Operation" und "Name Agent Operation" in den Abschnitten 4.6 und 4.7 besprochen werden.

4.4.2 Die Schicht "Communication Support"

Das Kommunikationssystem bietet einen "Remote Procedure Call" (RPC) als Dienst an. Im Schichtenmodell der Komponenten ist dieser Dienst in der Schicht "Communication Support" lokalisiert, und seine Funktionalität ist wie folgt festgelegt:

```
% rem_proc_call(↓Comp, ↓Proc_Name, ↓↑Args, ↓Address)

rem_proc_call(Comp, Proc_Name, Args, Address) :-
        locate(_, Comp_Name, Address),
        [Proc_Name, Comp_Name | Args],
        !.
```

Spez. 4.5: Der Remote Procedure Call[2]

Der Cut (!) in der Spezifikation bewirkt, dass ein Aufruf von rem_proc_call höchstens eine Lösung liefert, was auch der Semantik des RPC entspricht. Das Prädikat locate/3 beschreibt die Zuordnung zwischen den Namen von Systemkomponenten und deren Netzadressen (Spez. 4.16).

---

[2] Beim Teilziel

```
[Proc_Name, Comp_Name | Args]
```

handelt es sich um eine in LPA-Prolog erlaubte Darstellung einer "condition meta-variable". Eine elementare Darstellung dieses Teilziels mittels einer "predicate meta-variable" lautet:

```
Term =.. [Proc_Name, Comp_Name | Args], call(Term)
```

Betrachten wir als Beispiel den Aufruf einer Abfrage der lokalen Datenbank des Servers server_ethz mit Netzadresse 2000 durch den Server server_unizh des Beispielsystems unter Verwendung des RPC:

```
rem_proc_call(server_unizh, query, [['Schweiz', 'ETHZ', 'IFI', 'Zogg'], 'Phone', Phone], '2000')
```

Alle Komponenten des Directory-Systems können auf die Schicht "Communication Support" zugreifen. Somit ist es möglich, dass der Aufruf eines Dienstes auf einer Komponente Operationen auf verschiedenen Systemkomponenten auslöst und dadurch eine Verschachtelung von RPC zur Folge hat.

4.4.3   Die Schicht "Local Database Operation"

Jeder Name Server hat Zugriff auf die Dienste der Schicht "Local Database Operation", welche es ermöglicht, Daten lokal zu speichern, indem sie eine Schnittstelle für die Verwaltung von Tupeln zur Verfügung stellt. Den grössten Datenbestand eines Servers bilden die Benutzerobjekte, genauer: die Attribute der Benutzerobjekte. Das Attribut 'Phone' des Objekts mit Namen ['Schweiz', 'ETHZ', 'IFI', 'Zogg'], modelliert durch das Tupel

```
user_tuple(['Schweiz', 'ETHZ', 'IFI', 'Zogg'], 'Phone', '256 52 23')
```

ist ein Beispiel hierfür.

Die Operation mit der Schnittstelle

```
query(↓Server, ↓↑Tuple_Spec)
```

ermöglicht das Abfragen von Tupeln, die der Spezifikation Tuple_Spec entsprechen und von der Komponente Server verwaltet werden. So liefert zum Beispiel die Abfrage

```
query(server_ethz, user_tuple( ['Schweiz', 'ETHZ', 'IFI', 'Zogg'], 'Phone', Phone))
```

die Antwort

```
Phone='256 52 23'
```

Genügen mehrere Tupel in der lokalen Datenbank der Spezifikation Tuple_Spec, so erhält man alle diese Tupel durch fortgesetzten Aufruf von query. Neben der Operation query unterstützt die Schicht die bekannten Manipulationsoperationen für Tupel:

```
add_tuple(↓Server, ↓Tuple)

delete_tuple(↓Server, ↓Tuple)

modify_tuple(↓Server, ↓Old_Tuple, ↓New_Tuple)
```

Spez. 4.6 enthält die Prolog-Spezifikation der Tupelschnittstelle.

Wie der "Remote Procedure Call" der Schicht "Comunication Support" gehört die Prolog-Implementation der Dienste dieser Schicht nicht zur Spezifikation des Directory-Systems. Sie legt lediglich das Verhalten der Schichtschnittstelle fest und ist überdies notwendig, um die Spezifikation ausführbar zu machen.

```
% query(↓Server, ↓↑Tuple_Spec)
query(Server, Tuple):-
        alloc(Server, Tuple, Server_Tuple),
        Server_Tuple.


% add_tuple(↓Server, ↓Tuple)
add_tuple(Server, Tuple):-
        ground(Tuple),
        alloc(Server, Tuple, Server_Tuple),
        not Server_Tuple,
        assert(Server_Tuple).


% delete_tuple(↓Server, ↓Tuple)
delete_tuple(Server, Tuple):-
        ground(Tuple),
        alloc(Server, Tuple, Server_Tuple),
        retract(Server_Tuple).


% modify_tuple(↓Server, ↓Old_Tuple, ↓New_Tuple)
modify_tuple(Server, Old_Tuple, New_Tuple):-
        ground(Old_Tuple), ground(New_Tuple),
        alloc(Server, Old_Tuple, Old_Server_Tuple),
        alloc(Server, New_Tuple, New_Server_Tuple),
        retract(Old_Server_Tuple),
        assert(New_Server_Tuple).


alloc(Server, Tuple, Server_Tuple):-
        Tuple =.. [Relname | Attributes],
        Server_Tuple =.. [Relname, Server | Attributes].
```

Spez. 4.6: Die Funktionalität der Tupelschnittstelle

Die Funktion alloc in Spez. 4.6 bildet die globale Beschreibung eines Tupels (Tuple) auf
dessen Darstellung (Server_Tuple) auf der entsprechenden Systemkomponente (Server)
ab. Dabei wird beispielsweise der Term

```
user_tuple(['Schweiz', 'ETHZ', 'IFI', 'Zogg'], 'Phone', '256 52 23')
```

auf

```
user_tuple(server_ethz, ['Schweiz', 'ETHZ', 'IFI', 'Zogg'], 'Phone', '256 52 23')
```

abgebildet.

Bei der Definition der Mutationsoperationen in Spez. 4.6 stellt der Aufruf[3]

```
ground(Tuple)
```

---

[3] Das Prädikat ground/1 gelingt, falls sein Argument keine Variablen enthält, sonst schlägt es fehl. Es
kann mit Hilfe der Grundprädikate var/1 und =../2 geschrieben oder als Spezialisierung des Prädikats
varsin/2, welches z.B. in LPA-Prolog vordefiniert ist, definiert werden:

```
ground(Term) :- varsin(Term, []).
```

sicher, dass die Eingabeparameter beim Aufruf der Operationen keine Variablen enthalten. Andernfalls terminiert der Dienst in einer Fehlersituation.

Vor dem Zufügen eines Tupels (add_tuple) wird geprüft, ob kein identisches Tupel in der lokalen Datenbank des Servers enthalten ist.

Es bleibt zu erwähnen, dass die Schicht "Local Database Operation" eine eingeschränkte Funktionalität eines relationalen Datenbankverwaltungssystems (RDBMS) [Date 86] anbietet. Dabei entsprechen die Funktornamen der Tupel, welche von dieser Schicht verwaltet werden, den Relationennamen in einem RDBMS. Die Argumente der Tupel entsprechen den Attributen der Relationen. Man könnte die Funktionalität dieser Schicht in Richtung eines RDBMS erweitern, z.B. durch Unterstützung von Identifikationsschlüsseln etc. Zur Spezifikation dieser Architektur begnügen wir uns indessen mit der Tupelschnittstelle. Interessant ist in diesem Zusammenhang aber die Feststellung, dass die Funktion dieser Schicht in einem realen Directory-System von einem RDBMS übernommen werden kann.

4.4.4   Die Schicht "Replicated Database Operation"

Diese Schicht stellt Dienste zur Verfügung, die es erlauben, Tupel zu verwalten, welche auf mehreren Komponenten des Systems alloziert sind. Mit Hilfe dieser Operationen kann man auf die Attribute von Objekten zugreifen, deren Kopien von verschiedenen Servern gespeichert werden. Die Schnittstellen der Operationen, welche diese Dienste realisieren, sind:

    repl_query(↓Server, ↓Storage_Sites, ↓↑Tuple_Spec)

    repl_add_tuple(↓Server, ↓Storage_Sites, ↓Tuple)

    repl_delete_tuple(↓Server, ↓Storage_Sites, ↓Tuple)

    repl_modify_tuple(↓Server, ↓Storage_Sites, ↓Old_Tuple, ↓New_Tuple)

Der Parameter Storage_Sites in der obigen Schnittstellendefinition enthält eine Liste von Komponenten des Directory-Systems, auf denen eine Operation ausgeführt werden soll. Das Vorhandensein dieses Parameters an der Schnittstelle zeigt, dass für diese Schicht die Replikation der Daten nicht transparent ist.

Wir haben in der unten aufgeführten Spezifikation (Spez. 4.7) den Mechanismus des Zugriffs auf verteilte Datenbestände unter Verwendung eines "Read one/Write all"-Schemas realisiert. Die Funktion select_site bestimmt, auf welche der möglichen Komponenten lesend zugegriffen wird. Der schreibende Zugriff auf die Daten, der die Synchronisierung von Datenkopien beinhaltet, wird realisiert, indem die entsprechenden Mutationsoperationen auf den Systemkomponenten ausgelöst werden.
In Spez. 4.7 sind die Spezifikation für den lesenden Zugriff auf Tupel (repl_query) sowie für eine Tupelmanipulation (repl_add_tupple) aufgeführt. Die anderen Manipulationsoperationen (delete und modify) lassen sich analog zu repl_add_tupple darstellen.

Die erste Klausel (1) einer Tupeloperation in Spez. 4.7 beschreibt den Fall, bei dem eine Datenbankoperation lokal ausgeführt werden kann. Der andere Fall, bei dem die Teiloperation auf einer andern Systemkomponente durchgeführt werden muss, wird durch Klausel (2) abgedeckt.

```
% repl_query(↓Server, ↓Storage_Sites, ↓↑Tuple_Spec)

(1) repl_query(Server, Storage_Sites, Tuple_Spec):-
        select_site(Server, Storage_Sites, Server),
        query(Server, Tuple_Spec).

(2) repl_query(Server, Storage_Sites, Tuple_Spec):-
        select_site(Storage_Sites, Selected_Site),
        locate(Server, Selected_Site, Address),
        rem_proc_call(Server, query, [Tuple_Spec], Address).

% repl_add_tuple(↓Server, ↓Storage_Sites, ↓Tuple)

(1) repl_add_tuple(Server, [Server | Storage_Sites], Tuple):-
        add_tuple(Server, Tuple),
        repl_add_tuple(Server, Storage_Sites, Tuple).

(2) repl_add_tuple(Server, [Site | Storage_Sites], Tuple):-
        locate(Server, Site, Address),
        rem_proc_call(Server, add_tuple, [Tuple], Address),
        repl_add_tuple(Server, Storage_Sites, Tuple).

(3) repl_add_tuple(Server, [], _).


% select_site(↓Server, ↓Sites, ↑Selected_Site)

select_site(Server, Sites, Server):-
        member(Server, Sites).
select_site(Server, [First | Other_Sites], First):-
        not member(Server, Sites).
```

Spez. 4.7: Tupeloperationen der Schicht "Replicated Database Operation" 4

Die Funktion select_site der obigen Spezifikation wird in der Operation repl_query zur Auswahl eines Servers verwendet. Unsere Realisierung dieser Funktion ist trivial: Entweder ist der Name des Servers, auf dem die Operation ausgeführt wird, in der Liste der möglichen Kandidaten. Dann wird der aktuelle Server ausgewählt. Andernfalls wird lediglich das erste Element aus der Liste der möglicher Kandidaten zurückgegeben. Diese

---

[4] Der Aufruf von member(X, Xs) in select_site gelingt, falls X ein Element der Liste Xs ist, andernfalls misslingt er [Sterling, Shapiro 86]. member/2 ist ein vordefiniertes Prädikat vieler Prolog-Implementationen.

Spezifikation lässt sich aber leicht zu einer Bewertungsfunktion erweitern, die Kommunikationskosten, Konnektivität der Komponenten, Zustand des Kommunikationsnetzes etc., miteinbezieht.

Die Spezifikation der Schicht "Replicated Database Operation" ist Bestandteil der Spezifikation der Architektur des Directory-Systems, im Gegensatz zur Definition der Schichten "Communication Support" und "Local Database Operation", welche nur das Verhalten der Schichtschnittstellen festlegen.

4.5 Die Verteilung der Daten und die Metadaten

4.5.1 Die Objekte und deren Verteilung

Im Abschnitt über das Informationsmodell sind wir auf die Darstellung der Benutzerobjekte in dieser Architektur eingegangen. Diese haben wir als eine Relation der Gestalt

    user_object(Name, Data)

aufgefasst. Die Daten zu einem Benutzerobjekt bestehen aus einer Menge von Attributen. Ein solches Attribut haben wir als 3-stelliges Tupel der Form

    user_tuple(Name, Attr_Type, Attr_Value)

modelliert und als Prolog-Fakt dargestellt.

Auf ähnliche Weise spezifizieren wir die *Metadaten* des Directory-Systems. Metadaten bestehen aus Information über das System, welche für die Ausführung der Directory-Operationen benötigt wird. Weil die Metadaten dieser Architektur ausschliesslich Information über die Konfiguration des Directory-Systems enthalten, sprechen wir von *Konfigurationsdaten*. Die Konfigurationsdaten modellieren wir als Objekte, welche wir *Konfigurationsobjekte* nennen und von denen wir zwei Typen unterscheiden: die *Komponentenobjekte* und die *Kontextobjekte*.

Die *Komponentenobjekte*, aufgefasst als Relation

    comp_object(Comp_Name, Data)

enthalten Information über die Komponenten des Directory-Systems. Jeder Systemkomponente, also jedem Name Server und jedem Name Agent, ist ein solches Objekt zugeordnet. Der Objektname Comp_Name entspricht dem Komponentennamen. Die Struktur der Daten wird modelliert durch Tupel der folgenden Form:

    comp_tuple(Comp_Name, Attr_Type, Attr_Value)

Die Komponentenobjekte enthalten Daten, welche die Abbildung zwischen Komponentennamen und Netzadressen des Kommunikationssystems ermöglichen. Der Datenteil jedes Objekts enthält deshalb ein Tupel

    comp_tuple(Comp_Name, 'Network Address', Address)   ,

welches die eindeutige Zuordnung von Komponentenname und Netzadresse beschreibt.

Man kann die Verteilung der Objekte in einem Directory-System nach einem Modell, das bei verteilten Datenbanksystemen verwendet wird [Ceri, Pelagatti 85], darstellen: Zunächst wird der Objektraum in nichtüberlappende Fragmente aufgeteilt. Eine solche

Aufteilung nennt man *Partitionierung*. Anschliessend werden die Fragmente auf einem oder mehreren Servern alloziert. Man sagt auch: Ein Fragment wird von einem oder mehreren Servern verwaltet. Im allgemeinen verwaltet ein Server mehr als ein Datenfragment.

```
user_tuple(Name, Attr_Type, Attr_Value)

comp_tuple(Comp_Name, Attr_Type, Attr_Value)

context_tuple(Context_Name, Clustering_Cond(Object_Name, Args), Attr_Type, Attr_Value)
```

Spez. 4.8: Die Attribute von Benutzer-, Komponenten- und Kontextobjekten

---

Die *Kontextobjekte* beschreiben die Verteilung der Benutzerobjekte im Directory-System, indem sie die Partitionierung des Raumes der Benutzerobjekte bestimmen. Für die Benutzer des Directory-Systems enthalten Benutzerobjekte diejenigen Daten, welche das System für sie verwaltet, und welche sie mit Hilfe der Directory-Operationen manipulieren können. Man kann also sagen, dass die Kontextobjekte die Fragmentierung der Applikationsdaten eines Directory-Systems bestimmen.

Analog zu den anderen Typen von Objekten können die Kontextobjekte durch die Relation

```
context_object(Context_Name, Data)
```

dargestellt werden. Die Information (Data) eines dieser Objekte wird durch eine Menge von Tupeln der Struktur

```
context_tuple(Context_Name, Clustering_Cond(Object_Name, Args), Attr_Type, Attr_Value)
```

modelliert.

Das Argument Context_Name bezeichnet den Namen des Kontextobjektes. In den folgenden Spezifikationen werden wir dieses Argument durch den Begriff Context abkürzen. Den Begriff Name verwenden wir hauptsächlich für den Namen eines Benutzerobjektes.

Die Semantik der Information, welche die Kontexttupel enthalten, wird im Abschnitt über die Clusterbedingungen beschrieben.

Indem die Konfigurationsobjekte die Verteilung der Applikationsdaten eines Directory-Systems beschreiben, steuern (man kann auch sagen: parametrisieren) sie den Mechanismus der Namensauflösung. Wie alle Objekte des Directory-Systems tragen die Konfigurationsobjekte global eindeutige Namen. Deshalb ist auch die Namensauflösung eine globale Operation im Directory-System, was bedeutet, dass das Resultat der Namensauflösung unabhängig ist vom Server, auf dem diese Operation ausgelöst wird. Dabei setzen wir voraus, dass sich das System in einem konsistenten Zustand befindet. Das heisst, dass alle Kopien von Kontextobjekten denselben Wert enthalten.

Weil die Konfigurationsobjekte in gleicher Weise modelliert werden wie die Benutzerobjekte, nämlich als eine Menge von Tupeln, können sämtliche Typen von Objekten von denselben Mechanismen des Directory-Systems verwaltet werden. Diese Art der Verwaltung von Konfigurationsdaten hat ihre Parallele bei Datenbankverwaltungssystemen, deren Konfigurationsinformation vielfach in sogenannten Metadatenbanken abgelegt ist und mit denselben Operationen manipuliert wird wie die Applikationsdaten [Zehnder 87].

Im Schichtenmodell dieser Architektur wird die Aufgabe der Verwaltung der Objekte von den Schichten "Local Database Operation" und "Replicated Database Operation" eines Name Servers übernommen.

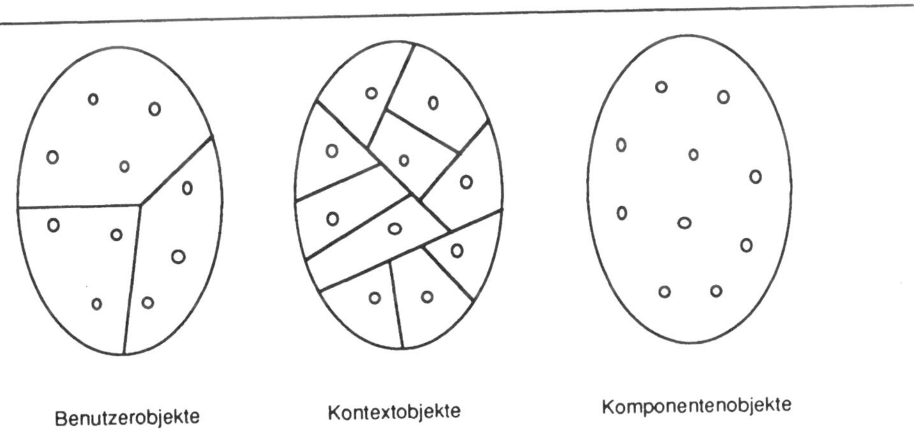

Fig. 4.5: Die Verteilung der Objekte im System

Die Strategie der Verteilung der Daten auf die Systemkomponenten ist für alle drei Typen von Objekten (Benutzerobjekte, Komponentenobjekte und Kontextobjekte) verschieden. Während i.a. mehrere Benutzerobjekte ein Fragment bilden, definiert jedes Kontextobjekt für sich ein Fragment, und alle Komponentenobjekte zusammen legen ein Fragment fest. Das heisst, ein Server des Systems alloziert einzelne Fragmente von Benutzerobjekten, einzelne Kontextobjekte und alle Komponentenobjekte.

Diese Partitionierung der Daten ist für grössere Directory-Systeme sinnvoll und in der Praxis anwendbar. Es bedeutet, dass ein Name Server grössere Fragmente von Applikationsdaten verwaltet. Ein solches Fragment enthält typischerweise die Daten einer Organisation (z.B einer Unternehmung) oder einer Unterorganisation, in der Grössenordnung von 1'000 -10'000 Objekten. Die allozierten Kontextobjekte (typischerweise 10 -100) ermöglichen dem Server, die Auflösung von Objektnamen aus einem Teil des Namensraumes lokal vorzunehmen und die allozierten Komponentenobjekte (in der Regel einige Dutzend) enthalten die Information, wie die anderen Komponenten des Systems zur Ausführung einer verteilten Operation zu kontaktieren sind.

Für die Kontext- und Komponentenobjekte liesse sich die angegebene Strategie der Fragmentierung verfeinern. Aus der Spezifikation der Namensauflösung lassen sich nämlich Bedingungen ableiten, welche Kontextobjekte zusammen alloziert werden müssen und welche Komponentenobjekte auf demselben Server zu speichern sind, damit die verteilte Namensauflösung für alle Objektnamen durchführbar ist. Diese Bedingungen ergeben aber keine Partitionierung der entsprechenden Objekträume, wie dies bei den Benutzerobjekten der Fall ist, da sich die Fragmente überlappen können.

4.5.2 Clusterbedingungen

Die Partitionierung eines Objektraumes wird durch einen Satz von sogenanten *Cluster-bedingungen* (*clustering conditions*) beschrieben. Clusterbedingungen sind Anforderungen an Objektnamen. Sie sind für einen gegebenen Namen entweder wahr oder falsch. Wir modellieren diese Anforderungen mit Hilfe von Prädikaten:

    Clustering_Cond(Object_Name)

Der Aufruf eines solchen Prädikates für einen gegebenen Namen (Object_Name) gelingt, falls der Name die Clusterbedingung erfüllt. Andernfalls schlägt der Aufruf fehl.

Wir parametrisieren Clusterbedingungen durch Argumente (Args). Dies hat den Vorteil, dass man bei der Beschreibung der Partitionierung eines Objektraumes mit einigen wenigen Prädikaten der Form

    Clustering_Cond(Object_Name, Args)

auskommt.

    Clustering_Cond(Object_Name, Args)

Spez. 4.9: Die Clusterbedingungen der Architektur

Jede Clusterbedingung teilt den Namensraum in zwei nichtüberlappende Teilräume auf. Da Objekte eindeutige Namen besitzen, wird durch eine Clusterbedingung auch der Objektraum partitioniert. Diese Aussage geht allerdings von der Voraussetzung aus, dass die Namensabbildung eineindeutig ist. In dieser Architektur ist dies der Fall, weil das Informationsmodell keine Aliasnamen[5] unterstützt.

Terry unterscheidet in seiner Arbeit zwischen syntaktischen und algorithmischen Cluster-bedingungen.
Syntaktische Clusterbedingungen enthalten syntaktische Anforderungen an Objektnamen, beispielsweise in Form regulärer Ausdrücke. Spez. 4.10 enthält einige Prädikate, welche solche Clusterbedingungen darstellen. Wir greifen drei dieser Bedingungen heraus: Das Prädikat match/2[6] spezifiziert die Bedingung, dass die n-te Komponente eines Objektna-mens einer vorgegebenen Zeichenkette (Pattern) entspricht. Das Prädikat match_some/2 modelliert die Bedingung, dass ein gegebener Name eine bestimmte Namenskomponente enthält. Das Prädikat match_any/2 schliesslich bildet insofern einen Spezialfall, als es für alle Namen gültig ist.

---

[5] Falls ein Objekt mehrere Namen besitzt, spricht man von *Aliasnamen* für dieses Objekt.

[6] match/2 enthält eigentlich drei Argumente, wobei die beiden letzten zu *einem* Argument zusammengefasst sind, damit das Prädikat der Spez. 4.9 genügt.

```
% match(↓Name, [↓N, ↓Pattern])
match([First | Rest], [1, First]).
match([_ | Rest], [N, Pattern]):-
        N>1,
        N1 is N-1,
        match(Rest, [N1, Pattern]).

% match_first(↓Name, ↓Pattern)
match_first([First | _], First).

% match_last(↓Name, ↓Pattern)
match_last([Last], Last).
match_last([_ | Rest], Pattern):-
        match_last(Rest, Pattern).

% match_some(↓Name, ↓Pattern)
match_some(Name, Pattern):-
        member(Pattern, Name).

% match_any(↓Name, ↓Any_Pattern)
match_any(Name, _).
```

Spez. 4.10: Beispiele syntaktischer Clusterbedingungen

Beispielsweise erfüllt der Objektname
```
['Schweiz', 'ETHZ', 'IFI', 'Zogg']
```
die drei Clusterbedingungen
```
match(Name, [2, 'ETHZ'])
match_first(Name, 'Schweiz')
match_some(Name, 'IFI')
```

```
% hashx(↓Name, ↓Parameter)
hashx(Name, Parameter):-
        x(Name, Value),
        Value < Parameter.
```

Spez. 4.11: Eine Klasse algorithmischer Clusterbedingungen

Bei der Partitionierung des Objektraumes kann der Fall eintreten, dass syntaktische
Clusterbedingungen entweder nicht wünschbar oder nicht möglich sind. In diesen Fällen
kann man *algorithmische Clusterbedingungen* anwenden. Algorithmische Clusterbedingungen beruhen auf Funktionen, die Namen auf numerische Werte abbilden, wofür
sich beispielsweise Hashfunktionen eignen. Spez 4.11 enthält ein Prädikat, welches eine
Klasse algorithmischer Clusterbedingungen realisiert. Angenommen, der Wertebereich der
Funktion x liege zwischen 0 und 100, dann stellt das Prädikat
```
hashx(Name, 50)
```
eine Clusterbedingung aus dieser Klasse dar.

Zur Partitionierung eines Objektraumes werden mehrere Clusterbedingungen verwendet.
Die Bedingungen müssen so gewählt sein, dass sie sich gegenseitig ausschliessen. Das
heisst, ein vorgegebener Name darf höchstens einer Clusterbedingung genügen. Dadurch
wird erreicht, dass sich die Fragmente des Objektraumes nicht überlappen. Erfüllt ein
Name keine dieser Clusterbedingungen, so bezeichnet er kein Element des Objektraumes
und ist deshalb ungültig.

Folgende Clusterbedingungen schliessen sich gegenseitig aus:

    match_first(Name, 'Schweiz')

    match_first(Name, 'USA')

    match_first(Name, 'Kanada')

Die Partitionierung eines Objektraumes erfolgt in dieser Architektur in mehreren Stufen,
indem nicht nur zum Gesamtraum, sondern zu jedem Teilraum (sich ausschliessende)
Clusterbedingungen formuliert werden können, welche den Raum in (nicht überlappende)
Teilräume zerlegen. Auf diese Weise entsteht eine Hierarchie von Teilräumen des Objektraumes. Jedem dieser Teilräume ist eine Menge von Clusterbedingungen zugeordnet. Die
Wurzel der Hierarchie ist der gesamte Objektraum, die Blätter entsprechen den Fragmenten.

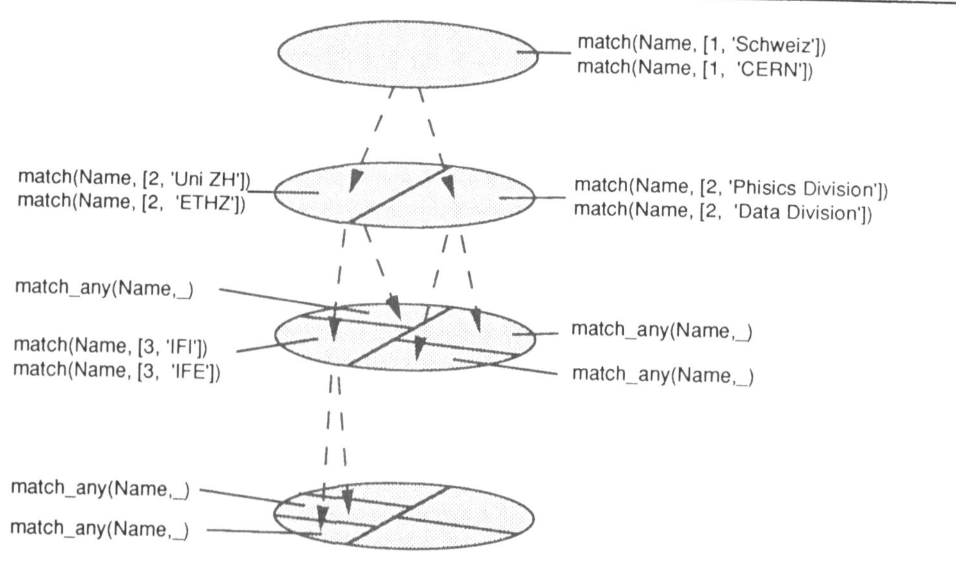

Fig. 4.6: Die Partitionierung des Objektraumes des Beispielsystems mit Hilfe von Clusterbedingungen

Fig. 4.6 zeigt die Aufteilung des Objektraums des Beispielsystems nach der oben
beschriebenen Methode. Zu jedem Teilraum ist die Menge der zugehörigen Clusterbedingungen angegeben. Die Hierarchie der Teilräume ist durch gestrichelte Pfeile sichtbar
gemacht. Die Tatsache, dass es sich um einen binären Baum handelt, ist spezifisch für
dieses Beispiel und ist keineswegs immer der Fall.

4.5.3 Der Zusammenhang zwischen Kontextobjekten und Clusterbedingungen

Mit Hilfe von Clusterbedingungen lässt sich ein Objektraum, wie im obigen Abschnitt erläutert, solange in Teilräume aufteilen, bis die Teilräume den Fragmenten entsprechen, welche von den Servern des Directory-Systems alloziert werden. Dabei müssen die Clusterbedingungen derart gewählt werden, dass sich die Datenfragmente nicht überlappen. Alle Teilräume zusammen bilden einen Baum, dessen Wurzel den gesamten Objektraum darstellt, und dessen Blätter die Fragmente bilden.

Jedem Teilraum, der bei der Partitionierung des Objektraumes entsteht, ordnen wir ein Kontextobjekt zu, dessen Datenteil aus Tupeln der Form

context_tuple(Context, Clustering_Cond(Name, Args), Attr_Type, Attr_Value)

besteht. Für jede Clusterbedingung (Clustering_Cond), welche auf dem Teilraum des entsprechenden Kontextobjektes (Context) definiert ist, existiert ein solches Tupel.

Falls der Teilraum kein Fragment darstellt, hat der Parameter Attr_Type des Tupels den Wert 'Context Binding' und Attr_Value trägt den Namen des Kontextobjektes (New_Context), welchem der Teilraum zugeordnet ist, der durch die Clusterbedingung (Clustering_Cond) definiert wird:

context_tuple(Context, Clustering_Cond(Name, Args), 'Context Binding', New_Context)

Im andern Fall ist der Teilraum ein Datenfragment. Dann besitzt der Parameter Attr_Type den Wert 'Authorities' und der Parameter Authorities enthält die Menge derjenigen Server, welche die Objekte des Fragmentes verwalten:

context_tuple(Context, Clustering_Cond(Name, Args), 'Authorities', Authorities)

Die Server, welche im Parameter Authorities aufgezählt sind, nennt man auch *administrative Server* für die Objekte des Datenfragmentes.

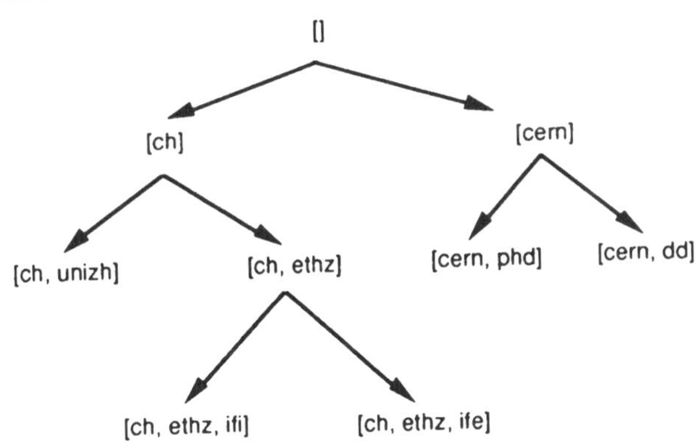

Fig. 4.7: Der Kontextbaum des Beispielsystems

Durch die oben beschriebene Zuordnung von Kontextobjekten zu Teilräumen wird der Hierarchie der Teilräume eine Hierarchie der Kontextobjekte, der sogenannte

Kontextbaum, in eineindeutiger Weise zugeordnet. Fig. 4.7 zeigt den Kontextbaum unseres Beispielsystems. Wir haben den Namensraum der Kontextobjekte als Baum strukturiert, welcher dem Kontextbaum und der Hierarchie der Teilräume entspricht (vergleiche Fig. 4.6). Um die Namen der Kontextobjekte von denjenigen der Benutzerobjekte zu unterscheiden, haben wir die Komponenten der Kontextnamen in Kleinbuchstaben geschrieben. Für die Wurzel des Kontextbaumes, also für das Kontextobjekt des gesamten Objektraumes, haben wir den leeren Namen [] gewählt.

Zur Illustration des Aufbaus der Kontextobjekte geben wir die Tupel der Objekte mit Namen [], [cern] und [cern, dd] als Prolog-Fakten an.

```
Objektname: []

context_tuple([], match(Name, [1, 'Schweiz']), 'Context Binding', [ch]).

context_tuple([], match(Name, [1, 'CERN']), 'Context Binding', [cern]).


Objektname: [cern]

context_tuple([cern], match(Name, [2, 'Physics Division']), 'Context Binding', [cern, phd]).

context_tuple([cern], match(Name, [2, 'Data Division']), 'Context Binding', [cern, dd]).


Objektname: [cern,dd]

context_tuple([cern,dd], match_any(Name, _), 'Authorities', [server_cern, server_unizh]).
```

Daraus ist ersichtlich, dass das Fragment [cern, dd] in unserem Beispielsystem auf den beiden Servern server_cern und server_unizh alloziert ist.

Die Kontextobjekte, welche Blätter des Kontextbaumes darstellen, entsprechen Fragmenten von Benutzerobjekten. In unserem Beispielsystem enthalten alle diese Kontextobjekte die "leere" Clusterbedingung match_any(Name, _), welche wahr ist für alle Namen, die der Namenskonvention dieser Architektur entsprechen.

Die leere Clusterbedingung gehört aber nicht notwendigerweise zu allen Kontextobjekten, welche Fragmente beschreiben. Beispielsweise ist das Kontextobjekt mit Namen [cern, dd] dem Fragment, deren Objektnamen der Einschränkung

```
['CERN', 'Data Division', ...]
```

genügen ("..." steht für eine Anzahl weiterer Namenskomponenten), zugeordnet. Angenommen, die 3. Komponenten der Objektnamen in diesem Fragment wären, entsprechend der Teilbereiche der "Data Division" beim CERN, entweder 'DBMS', 'OS' oder 'MHS', dann könnte diese Bedingung durch die drei Kontexttupel

```
context_tuple([cern,dd], match(Name, [3, 'DBMS']),'Authorities',[server_cern,server_unizh]).

context_tuple([cern,dd], match(Name, [3, 'OS']),'Authorities',[server_cern, server_unizh]).

context_tuple([cern,dd], match(Name, [3, 'MHS']),'Authorities',[server_cern, server_unizh]).
```

festgehalten werden.

Für unsere Entscheidung, jedem Fragment ein Kontextobjekt zuzuordnen, selbst dann, wenn der Datenteil des Kontextobjektes die leere Clusterbedingung enthält, lassen sich ausser theoretischen Überlegungen, welche die Einfachheit der Modellierung betreffen, auch praktische Gründe anführen. Zwei Beispiele mögen dies illustrieren.

(1) In der Wachstumsphase eines Directory-Systems nimmt im allgemeinen die Zahl der Benutzerobjekte, die das System verwaltet, rapide zu, was zur Folge hat, dass die Datenfragmente in kleinere Teile aufgespaltet werden müssen. Das Nachführen der Metadaten des Systems kann nun beschränkt werden auf das Einfügen weiterer Blattknoten am Kontextbaum und durch entsprechende Mutation der Vaterknoten dieser Blattknoten.

(2) Oftmals möchte man bei Directory-Systemen die Häufigkeit des Zugriffs auf Benutzerobjekte für ein Fragment bestimmen, oder die Zugriffsberechtigung auf Benutzerobjekte pro Datenfragment festlegen. Metadaten, welche in den erwähnten Situationen eine Rolle spielen, kann man als Tupel von Kontextobjekten modellieren und zu deren Verwaltung das Directory-System einsetzen.

4.6   Die Namensauflösung

In diesem Abschnitt wird der Mechanismus der Namensauflösung, also die Realisierung der Abbildung von Objektnamen auf die Server, welche die Objekte verwalten, spezifiziert.

Wie im letzten Abschnitt gezeigt, ist die Verteilung der Daten in dieser Architektur durch die Kontextobjekte festgelegt. Unter der Annahme, dass man auf sämtliche Kontextobjekte des Directory-Systems zugreifen kann, wird in diesem Abschnitt zunächst eine Namensauflösung für diese Architektur hergeleitet.

Dann wird die für reale Systeme relevante Situation besprochen, bei der die Kontextobjekte im Directory-System verteilt und teilweise repliziert sind, und die Namensauflösung wird für diesen Fall spezifiziert. Dabei fasst man die Namensauflösung als Dienst im Schichtenmodell eines Name Servers auf. Es werden zwei unterschiedliche Typen der Namensauflösung diskutiert, welche sich in der Art der Interaktion zwischen Systemkomponenten, die bei der Abarbeitung dieser Operation auftreten, unterscheiden.

4.6.1   Die Namensauflösung auf globalen Daten

Wir gehen davon aus, dass wir auf alle Kontextobjekte des Directory-Systems zugreifen können. In einem früheren Abschnitt wurde gezeigt, dass die Kontextobjekte einen Baum, den sogenannten Kontextbaum, bilden, dem eine isomorphe Hierarchie von Teilräumen des Objektraumes entspricht, indem jedem Teilraum genau ein Kontextobjekt zugeordnet ist. Sowohl der Kontextbaum, wie auch die Hierarchie der Teilräume, beschreiben die Partitionierung des Raumes der Benutzerobjekte und modellieren auf diese Weise die Verteilung der Applikationsdaten des Directory-Systems.

Aus der Kenntnis des Kontextbaumes lässt sich die Namensauflösung dieser Architektur bestimmen, indem man die Relation

resolve(Name, Authorities)

zwischen einem Objektnamen (Name) und der Menge der administrativen Server des Objektes (Authorities) herleitet. Prinzipiell kann man diese Relation entweder aus der Partitionierung des Objektraumes, ausgedrückt durch Clusterbedingungen, oder durch Traversierung des Kontextbaumes gewinnen. Beide Vorgehensweisen führen letztlich zum selben Resultat.

Im folgenden werden wir die Relation resolve aus der Partitionierung des Objektraumes entwickeln und in Form eines Programms, das deklarativ interpretiert wird, festhalten. Aus der prozeduralen Interpretation desselben Programms ergibt sich ein Algorithmus, welcher eine Traversierung des Kontextbaumes beschreibt.

Angenommen, ein Objekt namens Name liegt in einem Teilraum (des Objektraumes), welcher durch das Kontextobjekt Context beschrieben wird. Damit sich das Objekt in einem weiteren Teilraum (dieses Teilraumes) befindet, muss ein Kontexttupel von Context existieren, dessen Clusterbedingung der Objektname erfüllt, was sich durch die konjunktive Bedingung

```
(*) context_tuple(Context, Clustering_Cond(Name, Args), Attr_Type, Attr_Value),
    Clustering_Cond(Name, Args)
```

ausdrücken lässt.[7] Ist (*) nicht erfüllbar, so bezeichnet Name kein Objekt des Systems. Andernfalls gibt es zwei Möglichkeiten:

(1) Entweder ist der Teilraum Context ein Fragment des Objektraumes (Attr_Type= 'Authorities'), dann enthält der Parameter Attr_Value die administrativen Server des Objektes.

(2) Im anderen Fall (Attr_Type='Context Bindung') liegt das Objekt in einem Teilraum von Context, und der Parameter Attr_Value trägt den Namen des Kontextobjektes dieses Teilraumes. Zusätzlich muss die Bedingung (*) rekursiv für den Objektnamen und den neuen Teilraum gelten.

Aus dem Gesagten ergeben sich für die Beziehung resolve die beiden Fälle:

```
(1) resolve(Context, Name, Authorities):-
        context_tuple(Context, Clustering_Cond(Name, Args), 'Authorities', Authorities),
        Clustering_Cond(Name, Args).

(2) resolve(Context, Name, Authorities):-
        context_tuple(Context, Clustering_Cond(Name, Args), 'Context Binding', New_Context),
        Clustering_Cond(Name, Args),
        resolve(New_Context, Name, Authorities).
```

Damit ein Objekt namens Name im Objektraum liegt, muss Name einer Clusterbedingung des Gesamtraumes, d.h. des Wurzelknotens des Kontextbaumes, genügen.

---

[7] In der Bedingung (*) tritt eine Metavariable auf (Clustering_Cond steht für ein Prädikatsymbol). Metavariablen sind jedoch keine Konstrukte der Spezifikationssprache. Der Ausdruck (*) lässt sich umschreiben zum Ausdruck

```
(**) context_tuple(Context, Clustering_Args, Attr_Type, Attr_Value),
     clustering_cond(Name, Clustering_Args)
```

welcher keine Metavariablen enthält, dafür aber eine andere Definition der Clusterbedingungen (Spez. 4.9) erfordert. Wir betrachten (*) lediglich als eine andere, verständlichere Schreibweise für (**).

In Übereinstimmung mit unserem Beispielsystem weisen wir dem Wurzelknoten den leeren Namen [] zu, was eine letzte Bedingung an resolve ergibt:

```
(0) resolve(Name, Authorities):-
        resolve([], Name, Authorities).
```

Die drei Klauseln (0), (1) und (2) ergeben ein Programm, dessen *deklarative Interpretation* das Resultat des obigen Gedankenganges ist.

Interpretiert man das Programm bestehend aus den Klauseln (0), (1) und (2) *prozedural*, so erhält man einen Algorithmus, welcher die Traversierung des Kontextbaumes von der Wurzel bis zu einem Blattknoten beschreibt: (0) entspricht der Initialisierung, (1) enthält die Termininierungsbedingung, und (2) definiert einen Traversierungsschritt auf dem Baum.

Ein Traversierungsschritt auf dem Kontextbaum wird in der Literatur als *Binden des Namens an einen neuen Kontext* ("bind a name to a context") oder als *Auflösen eines Namens in einem Kontext* ("resolve a name in a context") bezeichnet. Für den Pfad auf dem Kontextbaum, welcher bei der Traversierung durchlaufen wird, verwendet man oft die Bezeichnung *Namensauflösungskette (name resolution chain)*. Im weiteren werden oftmals diese aus der Literatur stammenden Begriffe verwendet.

Zur Illustration sei die Namensauflösungskette des Benutzerobjekts

```
['CERN', 'Data Division', 'Wiegandt']
```

im Beispielsystem in Form der Kette der Kontexttupel, deren Clusterbedingungen der Objektname erfüllt, angegeben:

```
context_tuple([], match(Name, [1, 'CERN']), 'Context Binding', [cern]).
context_tuple([cern], match(Name, [2, 'Data Division']), 'Context Binding', [cern, dd]).
context_tuple([cern,dd], match_any(Name, _), 'Authorities', [server_cern, server_unizh]).
```

Der Pfad auf dem Kontextbaum, welcher bei der Namensauflösung durchschritten wird, enthält die Kontextobjekte [], [cern] und [cern, dd].

Zusammenfassend erhalten wir folgende Spezifikation der Namensauflösung dieser Architektur:

```
% resolve(↓Name, ↑Authorities)

(0) resolve(Name, Authorities):-
        resolve([], Name, Authorities).

(1) resolve(Context, Name, Authorities):-
        context_tuple(Context, Clustering_Cond(Name, Args), 'Authorities', Authorities),
        Clustering_Cond(Name, Args).

(2) resolve(Context, Name, Authorities):-
        context_tuple(Context, Clustering_Cond(Name, Args), 'Context Binding', New_Context),
        Clustering_Cond(Name, Args),
        resolve(New_Context, Name, Authorities).
```

Spez. 4.12: Die Namensauflösung dieser Architektur auf globalen Daten

---

4.6.2 Verteilte Namensauflösung

Im obigen Abschnitt wird die Namensauflösung unter der Annahme hergeleitet, dass der Zugriff auf alle Kontextobjekte des Directory-Systems möglich ist. Demnach könnte man mit Spez. 4.12 die Operation der Namensauflösung auf einem Name Server spezifizieren, der alle Kontextobjekte lokal gespeichert hat.

In diesem Abschnitt hingegen gehen wir davon aus, dass die Kontextobjekte im Directory-System verteilt und nur teilweise repliziert sind. In der Regel hat also ein Name Server nicht alle Kontextobjekte alloziert. Der Hauptgrund für diese Einschränkung liegt im Bestreben, die Erhaltung der Konsistenz der Metadaten im Directory-System so einfach wie möglich zu gestalten. Im Gegensatz zu Inkonsistenzen bei den Applikationsdaten können nämlich Inkonsistenzen bei Metadaten die Funktionsfähigkeit des gesamten Systems gefährden. Falls nun die Redundanz der Metadaten gering ist, müssen Änderungen in der Systemkonfiguration, wie sie beispielsweise durch das Wachsen oder Schrumpfen des Systems erfolgen, nur auf einer begrenzten Anzahl von Servern nachgetragen werden, was die Erhaltung eines konsistenten Systems erleichtert. Andererseits soll jeder Server in der Lage sein, die Namen derjenigen Objekte, die er verwaltet, unter Zugriff auf lokal gespeicherte Kontextobjekte aufzulösen, und das System als Ganzes muss jeden gültigen Objektnamen auflösen können.

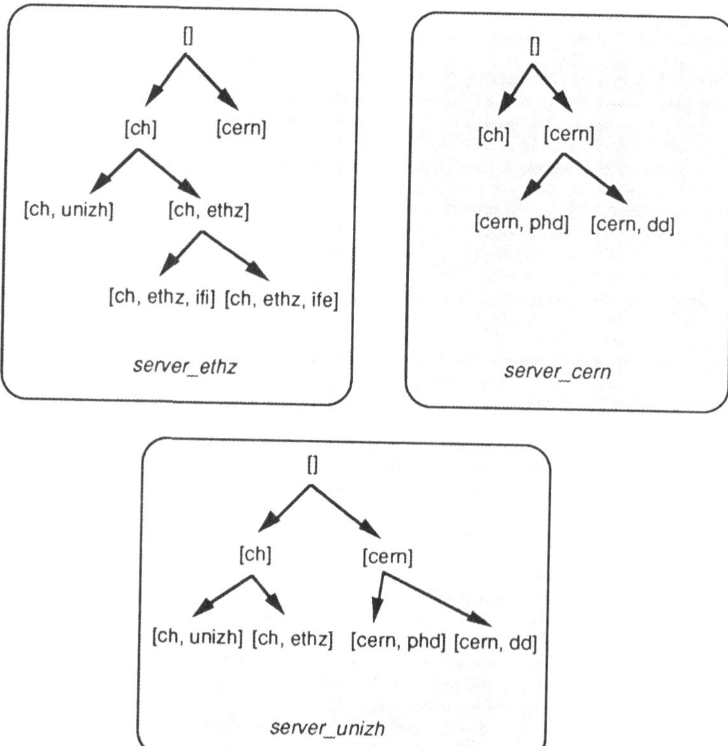

Fig. 4.8: Die Allokation von Kontextobjekten auf den Servern des Beispielsystems

Fig. 4.8 zeigt die Allokation der Kontextobjekte auf den drei Servern im Beispielsystem. Jeder Name Server hat einen Teilbaum des globalen Kontextbaumes (Fig. 4.7) alloziert.

Für die Auflösung eines Objektnamens werden bestimmte Kontextobjekte benötigt. Falls ein Server, der die Namensauflösung durchführt, nicht alle dafür erforderlichen Kontextobjekte verwaltet, muss er in der Lage sein, einen Server zu ermitteln, der ein gesuchtes Kontextobjekt gespeichert hat.

In dieser Architektur ist auf jedem Name Server eine Operation

```
find_context(↓Server, ↓Context, ↑Authorities)
```

verfügbar, die für einen Kontext (Context) eine Liste derjenigen Name Server (Authorities) liefert, welche das entsprechende Kontextobjekt verwalten.

Da Kontextobjekte auf dieselbe Weise modelliert sind wie Benutzerobjekte (Spez. 4.8), kann man prinzipiell denselben Mechanismus für das Auffinden von Kontextobjekten wie für Benutzerobjekte verwenden, nämlich die Namensauflösung. Daher kann man die Operation find_context direkt auf die Namensauflösung für Kontextnamen abbilden:

```
find_context(Server, Context, Authorities):-
        resolve(Server, Context, Authorities).
```

Voraussetzung für dieses Vorgehen ist allerdings, dass Clusterbedingungen, welche die Partitionierung des Raumes der Kontextobjekte bestimmen, festgelegt sind und damit ein "Metakontextbaum" existiert. (Wegen der Initialisierung der Namensauflösung muss die Wurzel des Kontextbaumes gemäss Spez. 4.12 überdies denselben Namen tragen wie die Wurzel des Baumes der Benutzerobjekte).

Wie kann das Wissen über die Verteilung der Kontextobjekte modelliert und im System verteilt werden? Wir besprechen zunächst zwei einfache Varianten und präsentieren anschliessend die Lösung, welche für diese Architektur gewählt wurde.

Die einfachste Lösung besteht darin, die Information über die Verteilung der Kontextobjekte auf allen Servern abzuspeichern. In diesem Fall genügt ein spezielles Kontextobjekt, der sogenannte *Metakontext*, zur Beschreibung der Verteilung. Dieses Objekt namens meta_context ist auf allen Servern alloziert und enthält Tupel der Form

```
context_tuple(meta_context, Clustering_Cond(Context, Args), 'Authorities', Authorities)
```

wobei der Name jedes Kontextobjektes die Clusterbedingung eines Tupels erfüllt. Damit ist die Auflösung eines Kontextnamens im Metakontext auf jedem Server lokal und in einem Schritt möglich. ("Namensauflösung in einem Schritt" bedeutet, dass die zugehörige Namensauflösungskette aus einem Glied besteht.)

In einem grossen Directory-System ist es aber ungünstig, den Metakontext auf allen Servern zu replizieren. Die Gründe, die gegen eine solche Lösung sprechen sind dieselben, welche gegen eine vollständige Replikation der Kontextobjekte ins Feld geführt werden.

Eine verbesserte Variante wäre, dass lediglich einige Server des Systems den Metakontext allozierten und für die andern Server eine Art Directory-Dienst für Kontextobjekte betrieben. Dies würde es einem Server ermöglichen, einen Kontextnamen in zwei Schritten unter Anfrage an höchstens einen anderen Server aufzulösen. Eine Analogie zu dieser Variante findet man bei X.500-Systemen, wo ausgezeichnete Server (sogenannte "First Level DSA") das Wissen über bestimmte Objekte, welche sich direkt unter der Wurzel der Objekthierarchie befinden, und deren Allokation besitzen [X.500].

Bei dieser Architektur basiert die Beschreibung der Verteilung der Kontextdaten auf einem Modell, das von Terry angegeben wurde. Es geht von den Voraussetzungen aus, dass das Wissen über die Verteilung der Kontextdaten im System verteilt und kein Server ausgezeichnet ist.

In dieser Lösung bildet jedes Kontextobjekt den Metakontext für seine Söhne am Kontext-baum, indem ein Vaterkontext (Sup_Context) für jeden Sohnkontext (Inf_Context) ein Tupel enthält, das der konjunktiven Bedingung

```
(**) context_tupel(Sup_Context, Clustering_Cond(Inf_Context, Args), 'Authorities', Authorities),
        Clustering_Cond(Inf_Context, Args)
```

genügt. Damit kann ein Server den Namen jedes Kontextes, dessen Vaterkontext er al-loziert hat, in einem Schritt und ohne Kontaktierung anderer Server auflösen.

Zur Illustration: Im Beispielsystem besitzt das Kontextobjekt namens [ch, cern] die beiden Tupel

```
context_tuple([ch, cern], match(Context_Name, [3, dd]),'Authorities', [server_cern, server_unizh])
context_tuple([ch, cern], match(Context_Name, [3, phd]),'Authorities', [server_cern, server_unizh])
```

Die Sohnkontexte [ch, cern, dd] und [ch, cern, phd] lassen sich, gestützt auf diese Informa-tion, in einem Schritt auflösen.

Falls jeder Server den Wurzelkontext [] alloziert hat und jeder Kontext den Metakontext für seine Söhne am Kontextbaum bildet, lässt sich die Namensauflösung in einem verteil-ten Directory-System für jeden Objektnamen durchführen. Mit dem oben besprochenen Ansatz zur Beschreibung der Verteilung der Kontextobjekte ist es auch möglich, die Kon-textdaten auf einem Server bei ständig wachsendem Namensraum konstant zu halten. Somit benötigt jeder Server lediglich das Wissen über einen lokalen Bereich des Namens-raumes.

Wegen der Bedingung (**) lässt sich die eingangs dieses Abschnitts gegebene Definition der Operation find_context auf einem Name Server zu Spez. 4.13 spezialisieren. Der Unterschied der beiden Spezifikationen besteht einerseits darin, dass in Spez. 4.13 lediglich das letzte Glied der Namensauflösungskette abgearbeitet wird. Andererseits wird zur Darstellung dieser Operation die Beschreibung der verteilten Namensauflösung (Spez. 4.17) verwendet, um Spez. 4.13 in die Spezifikation der Architektur, die wir in diesem Kapitel beschreiben wollen, einzufügen.

Beispielsweise resultiert aus dem Aufruf der Operation

```
find_context(server_cern, [ch, cern], [ch, cern, dd], Authorities)
```

in unserem Beispielsystem die Antwort:

```
Authorities = [server_cern, server_unizh]
```

Das heisst, das gesuchte Kontextobjekt [ch, cern, dd] ist auf den Servern server_cern und
server_unizh alloziert.

```
% find_context(↓Server, ↓Sup_Context, ↓Inf_Context, ↑Authorities)

find_context(Server, Sup_Context, Inf_Context, Authorities):-
        resolve(Server, Sup_Context, Inf_Context, Authorities, resolved).
```

Spez. 4.13: Das Auffinden eines Kontextobjektes

4.6.3 Interaktionsmuster der Systemkomponenten

Bei der Auflösung eines Objektnamens sind i.a. mehrere Server des Directory-Systems in-
volviert, da die Kontextobjekte, welche die Verteilung der Daten beschreiben und auf
diese Weise die Namensauflösung steuern, auf die Server des Systems verteilt sind. Um
einen bestimmten Objektnamen aufzulösen, müssen Interaktionen eines Name Agents mit
einem oder mehreren Name Servern und eventuell von Name Servern untereinander stattfinden. Es sind verschiedene Interaktionsmuster von Komponenten des Directory-Systems
bei der Namensauflösung möglich. Verschiedenen Typen von Interaktionsmustern bei der
Durchführung der Namensauflösung lassen sich unterschiedliche *Typen von Namensauflösungsmechanismen* zuordnen.

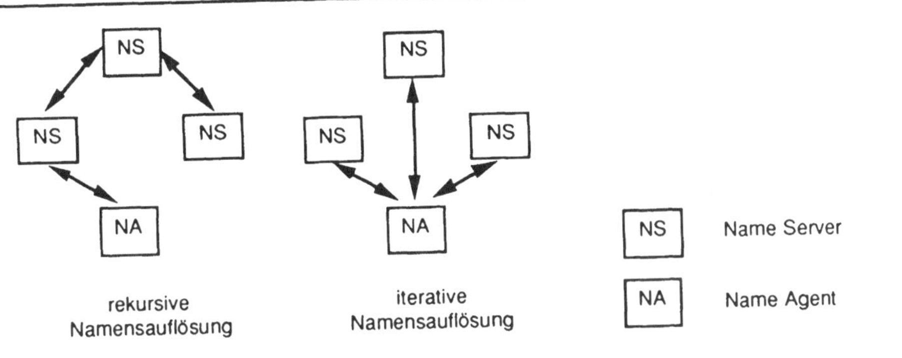

Fig. 4.9: Typen von Namensauflösungsmechanismen

Im folgenden seien zwei Typen von Namensauflösungsmechanismen herausgegriffen: die
sogenannte *rekursive Namensauflösung* und die *iterative Namensauflösung* (Fig. 4.9).
Andere Interaktionsmuster für die Abarbeitung von Directory-Operationen sind ebenfalls
denkbar. Einige davon sind für X.500-Systeme standardisiert [X.500]. Für die Architektur,
die wir in diesem Kapitel entwickeln wollen, legen wir uns später auf die iterative
Namensauflösung fest.

4.6.4 Die Schicht "Name Resolution"

In diesem Abschnitt wird die Namensauflösung als verteilte Operation auf einem System von Name Servern beschrieben. Die Namensauflösung wird als Dienst von der Schicht "Name Resolution" im Schichtenmodell eines Name Servers (Fig. 4.4) angeboten und basiert auf Operationen anderer Schichten, welche beispielsweise die Datenverwaltung durchführen oder Kommunikationsdienste zur Verfügung stellen. Wir spezifizieren die Namensauflösung für den rekursiven und den iterativen Fall.

Das Abfragen der lokalen Konfigurationsdatenbank

Die Kontextobjekte werden von den lokalen Datenverwaltungsmechanismen der Server verwaltet. Sie können über die Schnittstelle der Schicht "Local Database Operation" abgefragt bzw. mutiert werden. Die Abfrage eines Kontextobjektes, das bei der Namensauflösung benötigt wird, geschieht durch Aufruf der Operation cluster_query. Die Operation terminiert erfolgreich, falls das gesuchte Kontextobjekt lokal gespeichert ist.

```
% cluster_query(↓Server, ↓Context, ↓Name, ↓Attr_Type, ↑Attr_Value)

cluster_query(Server, Context, Name, Attr_Type, Attr_Value):-
        query(Server, context_tuple(Context, Clustering_Cond(Name, Args), Attr_Type, Attr_Value)),
        Clustering_Cond(Name, Args).
```

Spez. 4.14: Der Zugriff auf lokale Kontextobjekte

Ein Aufruf der Operation cluster_query löst i.a. mehrere Abfragen auf der lokalen Datenbank des Servers aus, denn die Clusterbedingung wird erst nach der Abfrage des Tupels geprüft. Da sich Clusterbedingungen auf demselben Teilraum des Objektraumes gegenseitig ausschliessen, hat cluster_query als Prädikat höchstens eine Lösung für einen gegebenen Namen und einen gegebenen Kontext.

Das Prädikat cluster_query ist in seiner prozeduralen Interpretation *nichtdeterministisch.* (Nichtdeterminismus wird in Prolog durch "Backtracking" realisiert.) Deshalb ist Spez. 4.14 sehr kompakt, verglichen mit einer analogen Spezifikation in einer prozeduralen deterministischen Sprache (siehe bei Terry).

Namensauflösungsschritte auf einem Name Server

An der Auflösung eines Objektnamens sind i.a. mehrere Server des Directory-Systems beteiligt. Deshalb sprechen wir auch von *verteilter Namensauflösung.* Die Namensauflösung kann als verteilte Operation aufgefasst werden, welche in aufeinanderfolgenden atomaren Teiloperationen von Name Servern ausgeführt wird. Bei jeder Teiloperation wird ein Glied der Namensauflösungskette abgearbeitet. Die Abarbeitung eines Glieds, die wir auch *Namensauflösungsschritt* nennen, entspricht einem Traversierungsschritt auf dem Kontextbaum.

Ein Namensauflösungsschritt kann einem der unten aufgeführten Fälle (1), (2) oder (3) zugeordnet werden. Jeder Fall lässt sich durch eine Bedingung charakterisieren. Massgebend für eine solche Bedingung sind die Ergebnisse der Operationen cluster_query (Spez. 4.14) und find_context (Spez. 4.13). Die Parameter eines Namensauflösungsschrittes sind der Name Server (Server), auf dem der Schritt ausgeführt wird, der Objektname (Name) und der Kontext (Context), in dem der Objektname aufgelöst wird.

(1) Bei diesem Fall eines Namensauflösungsschrittes wird das letzte Glied der Namensauflösungskette erreicht. Die administrativen Server (Authorities) zum Objektnamen werden bestimmt, und die Namensauflösung terminiert. Der Aufruf der Operation cluster_query liefert für das Argument Attr_Type den Wert 'Authorities':

    cluster_query(Server, Context, Name, 'Authorities', Authorities)

(2) Im zweiten Fall wird der Objektname an den neuen Kontext New_Context gebunden und der nächste Schritt kann auf demselben Server ablaufen, da das Kontextobjekt New_Context, welches für den nächsten Schritt benötigt wird, lokal gespeichert ist:

    cluster_query(Server, Context, Name, 'Context Binding', New_Context),

    find_context(Server, Context, New_Context, Context_Authorities),

    member(Server, Context_Authorities)

(3) Der dritte Fall unterscheidet sich vom zweiten insofern, als der nächste Auflösungsschritt nicht auf dem aktuellen Server stattfinden kann, weil das Kontextobjekt New_Context nicht auf diesem Server alloziert ist:

    cluster_query(Server, Context, Name, 'Context Binding', New_Context),

    find_context(Server, Context_Name, New_Context, Context_Authorities),

    not member(Server, Context_Authorities)

Rekursive und iterative Namensauflösung

In diesem Abschnitt zeigen wir die Spezifikationen der verteilten Namensauflösung für die Typen "rekursive Namensauflösung" und "iterative Namensauflösung".

Die Namensauflösung wird in dieser Architektur von den Name Servern als Dienst der Schicht "Name Resolution" angeboten. Die Funktionalität dieser Schicht wird durch ein Prädikat mit Namen resolve beschrieben. Jedem der im obigen Abschnitt beschriebenen Fälle eines Namensauflösungsschrittes ist eine Klausel dieses Prädikats zugeordnet (Spez. 4.15 und 4.18).

Bei der rekursiven Namensauflösung bietet die Schicht "Name Resolution" die Operation resolve mit der Schnittstelle

    resolve(↓Server, ↓Context, ↓Name, ↑Authorities)

zur Ausführung von Namensauflösungsschritten an. Bei der Ausführung auf dem Name Server (Server) wird der Objektname (Name) im Kontext (Context) rekursiv aufgelöst, bis im letzten Schritt die administrativen Server (Authorities) des gesuchten Objektes ermittelt sind (Spez. 4.15).

```
% resolve(↓Server, ↓Name, ↑Authorities)

(0) resolve(Server, Name, Authorities):-
        resolve(Server, [], Name, Authorities).

% resolve(↓Server, ↓Context, ↓Name, ↑Authorities)

(1) resolve(Server, Context, Name, Authorities):-
        cluster_query(Server, Context, Name, 'Authorities', Authorities).

(2) resolve(Server, Context, Name, Authorities):-
        cluster_query(Server, Context, Name, 'Context Binding', New_Context),
        find_context(Server, Context, New_Context, Context_Authorities),
        member(Server, Context_Authorities),
        resolve(Server, New_Context, Name, Authorities).

(3) resolve(Server, Context, Name, Authorities):-
        cluster_query(Server, Context, Name, 'Context Binding', New_Context),
        find_context(Server, Context, New_Context, Context_Authorities),
        not member(Server, Context_Authorities),
        select_server(Server, New_Server, Context_Authorities),
        locate(Server, New_Server, Address),
        rem_proc_call(Server, resolve, [New_Context, Name, Authorities], Address).
```

Spez. 4.15: Die verteilte rekursive Namensauflösung

Zu Beginn der Namensauflösung wird
```
resolve(↓Server, ↓Name, ↑Authorities)
```
aufgerufen und damit der erste Namensauflösungsschritt ausgelöst, bei dem der Objektname im Wurzelkontext [], der dem gesamten Objektraum entspricht, aufgelöst wird (Klausel (0)). Die Klauseln (1) - (3) entsprechen den im letzten Abschnitt besprochenen Fällen (1) - (3) für einen Namensauflösungsschritt: Klausel (1) spezifiziert die erfolgreiche Terminierung der Namensauflösung. Klausel (2) beschreibt einen Namensauflösungsschritt, bei dem der nächste Schritt auf demselben Server stattfindet, während Klausel (3) den Fall spezifiziert, bei dem der nächste Schritt auf einem andern Server des Systems (New_Server) stattfinden muss. Im letzten Fall wird die Namensauflösung über einen RPC (Spez. 4.5) auf dem anderen Server aufgerufen. Nach Terminierung der verteilten Operation ist das Ergebnis (Authorities) auf jenem Server verfügbar, auf dem die Namensauflösung initiiert wurde.

Das Prädikat select_server/3 in (3) steht für den Aufruf einer Operation, die aus einer Menge von Servern (Context_Authorities) diejenige Systemkomponente (New_Server) auswählt, auf welcher der nächste Namensauflösungsschritt ausgeführt werden soll. Diese Operation kann in Abhängigkeit vom aktuellen Server, vom Zustand des Kommunikationssystems usw. definiert werden.

Das Prädikat locate/3 in (3) beschreibt eine Operation, welche die Zuordnung zwischen den Namen von Systemkomponenten und deren Netzadressen ausführt. Da bei der Verteilung der Metadaten davon ausgegangen wird, dass alle Komponentenobjekte lokal gespeichert sind, lässt sich diese Operation als Abfrage der lokalen Datenbank eines Servers realisieren:

```
% locate(↓Server, ↓Comp_Name, ↑Comp_Address)

locate(Server, Comp_Name, Comp_Address):-
        query(Server, comp_tuple(Comp_Name, 'Network Address', Comp_Address)).
```

Spez. 4.16: Die Abbildung von Komponentennamen auf Netzadressen

---

Zur Illustration der verteilten rekursiven Namensauflösung sei die Auflösung des Namens
['Schweiz', 'ETHZ', 'IFI', 'Zogg']
ausgelöst auf dem Server server_cern in unserem Beispielsystem, gezeigt. Man vergleiche dazu die Abbildungen des Funktionalen Modells (Fig. 4.3), der Partionierung des Objektraumes (Fig. 4.6) und der Allokation von Kontextobjekten (Fig. 4.8) im Beispielsystem. Die Namensauflösungsschritte sind als Aufrufe der Operation resolve auf den entsprechenden Servern angegeben. Vorangestellt ist jeweils der entsprechende Fall (1) - (3) des Namensauflösungsschritts:

```
(2) resolve(server_cern, [], ['Schweiz', 'ETHZ', 'IFI', 'Zogg'], Authorities)
(3) resolve(server_cern, [ch], ['Schweiz', 'ETHZ', 'IFI', 'Zogg'], Authorities)
(2) resolve(server_ethz, [ch, ethz], ['Schweiz', 'ETHZ', 'IFI', 'Zogg'], Authorities)
(1) resolve(server_ethz, [ch, ethz, ifi], ['Schweiz', 'ETHZ', 'IFI', 'Zogg'], Authorities)
Authorities = [server_ethz]
```

An der Auflösung des Namens sind zwei Server beteiligt. Man sieht, dass die beiden ersten Schritte auf dem Server server_cern, die restlichen auf dem Server server_ethz ausgeführt werden.

Die iterative Namensauflösung unterscheidet sich von der rekursiven dadurch, dass Zwischenergebnisse der Operation an den Name Agent zurückgegeben werden, welcher auf diese Weise die Kontrolle über die Operation behält (Fig. 4.9). Um den Status der Namensauflösung zu modellieren, ergänzen wir die Operation resolve um einen Parameter. Der Aufruf von Namensauflösungsschritten auf einem Name Server lautet jetzt:

```
resolve(↓Server, ↓Name, ↓Context, ↑Computation_Status, ↑Resolve_Status)
```

Der Ergebnisparameter Resolve_Status hat den Wert resolved, falls die Namensauflösung beim letzten Schritt terminiert hat, den Wert unresolved, falls die Namensauflösungskette noch nicht abgearbeitet ist. Nach erfolgreicher Beendigung der Namensauflösung (Resolve_Status = resolved) enthält Computation_Status die Menge der administrativen

Server (Authorities) des Objektes (Name), ansonsten (Resolve_Status = unresolved) enthält Computation_Status die beiden Parameter [New_Context, New_Server] für den nächsten Namensauflösungsschritt, insbesondere also den Server (New_Server), auf dem die Operation fortgesetzt werden kann.

```
% resolve(↓Server, ↓Context, ↓Name, ↑Computation_Status, ↑Resolve_Status)

(1) resolve(Server, Context, Name, Authorities, resolved):-
        cluster_query(Server, Context, Name, 'Authorities', Authorities).

(2) resolve(Server, Context, Name, Comp_Status, Res_Status):-
        cluster_query(Server, Context, Name, 'Context Binding', New_Context),
        find_context(Server, Context, New_Context, Context_Authorities),
        member(Server, Context_Authorities),
        resolve(Server, New_Context, Name, Comp_Status, Res_Status).

(3) resolve(Server, Context, Name, [New_Context, New_Server], unresolved):-
        cluster_query(Server, Context, Name, 'Context Binding', New_Context),
        find_context(Server, Context, New_Context, Context_Authorities),
        not member(Server, Context_Authorities),
        select_server(New_Server, Context_Authorities).
```

Spez. 4.17: Die verteilte iterative Namensauflösung

Spez. 4.17 enthält die Beschreibung der iterativen Namensauflösung. Man sieht, dass gegenüber der rekursiven Namensauflösung der RPC in Klausel (3) wegfällt, da der Name Agent die Kontaktierung des neuen Servers übernimmt.

Zur Illustration der iterativen Namensauflösung sei dasselbe Beispiel herangezogen wie zur Erläuterung der rekursiven Namensauflösung, nämlich die Auflösung des Namens
```
['Schweiz', 'ETHZ', 'IFI', 'Zogg']
```
auf dem Server server_cern:
```
(2) resolve(server_cern, [], ['Schweiz', 'ETHZ', 'IFI', 'Zogg'], Comp_Status, Res_Status)
(3) resolve(server_cern, [ch], ['Schweiz', 'ETHZ', 'IFI', 'Zogg'], Comp_Status, Res_Status)
Comp_Status = [[ch, ethz], server_ethz], Res_Status = unresolved

(2) resolve(server_cern, [ch, ethz], ['Schweiz', 'ETHZ', 'IFI', 'Zogg'], Comp_Status, Res_Status)
(1) resolve(server_cern, [ch, ethz, ifi], ['Schweiz', 'ETHZ', 'IFI', 'Zogg'], Comp_Status, Res_Status)
Comp_Status = [server_ethz], Res_Status = resolved
```

Der Server server_cern führt zwei Namensauflösungsschritte durch und gibt das Zwischenergebnis an den Name Agent zurück mit der Information, die Operation auf dem Server server_ethz fortzusetzen. Dort terminiert die Namensauflösung nach zwei weiteren Schritten erfolgreich.

4.7 Die Directory-Operationen

In diesem Abschnitt werden die Operationen spezifiziert, welche einem Benutzer des Directory-Systems als Dienste zur Verfügung stehen. Dazu genügt es, die obersten Schichten eines Name Servers und eines Name Agents anzugeben, da die tieferen Schichten, auf deren Operationen sich die Directory-Dienste abstützen (siehe Fig. 4.4), in früheren Kapiteln beschrieben sind.

Im folgenden beschränken wir uns auf die verteilte iterative Namensauflösung zur Auflösung von Objektnamen. Wir sind der Meinung, dass sich die iterative Namensauflösung im Gegensatz zur rekursiven für grosse Directory-Systeme eher durchsetzen wird, vor allem deshalb, weil die Kontrolle über den Ablauf der Operation von einer einzigen Systemkomponente ausgeübt wird.

4.7.1 Die Schicht "Name Agent Operation"

Aufgabe eines Name Agents ist es, dem Benutzer des Directory-Systems die Directory-Dienste in Form von Operationen zugänglich zu machen. Während der Ausführung einer Operation kontaktiert ein Agent i.a. mehrere Name Server.

In dieser Architektur werden die Directory-Operationen Lookup, Modify usw. (Spez. 4.3 Operationen (1) - (6)) von der Schicht "Name Agent Operation" angeboten und über RPC auf entsprechende Operationen der Schicht "Name Server Operation" eines Servers abgebildet.

Alle Directory-Operationen dieser Architektur basieren auf der Namensauflösung: Zunächst muss ein Objektname aufgelöst werden, um die Server zu ermitteln, auf deren Datenbeständen anschliessend entsprechende Manipulationen ausgeführt werden. Bei Architekturen mit iterativer Namensauflösung behält der Name Agent die Kontrolle über die verteilte Namensauflösung. Um die Anzahl der RPC zur Durchführung einer Directory-Operation zu verringern, ruft ein Name Agent nicht die Namensauflösungsoperation auf einem Name Server auf, um nach deren Terminierung auf derselben Systemkomponente (über RPC) eine Datenbankoperation auszulösen, sondern initiiert direkt die gewünschte Objektoperation auf dem Server. Dieser führt dann zunächst die möglichen Namensauflösungsschritte aus und anschliessend, falls möglich, die Objektoperation durch (siehe Spez. 4.19 und Spez. 4.20).

Die Spezifikationen der Directory-Operationen lassen sich auf ein gemeinsames Schema, dargestellt in einer Meta-Schreibweise, zurückführen:

```
%↓Operation(↓Agent, ↓Name, ↓In1, ...., ↓Ink, ↑Out)

(0) Operation(Agent, Name, In1, ...., Ink, Out):-
        Operation(Agent, Root_Context, Name, In1, ...., Ink, Out, Main_Server_Address).

(1) Operation(Agent, Context, Name, In1, ...., Ink, Out, Address):-
        rem_proc_call(Agent, Operation, [Context, Name, In1, ...., Ink, Out, resolved], Address).

(2) Operation(Agent, Context, Name, In1, ...., Ink, Out, Address):-
        rem_proc_call(Agent, Operation, [Context, Name, In1, ...., Ink, [New_Context, New_Address],
        unresolved], Address),
        Operation(Agent, New_Context, Name, In1, ...., Ink, Out, New_Address).
```

Beim Aufruf einer Directory-Operation (Operation) auf einem Name Agent (Agent) werden der Name eines Objektes (Name) und die Eingabeparameter (In_1, ..., In_k) angegeben. Nach erfolgreicher Terminierung liefert die Operation das Resultat (Out).

Bei der Durchführung wird zunächst der Kontext initialisiert (Root_Context), auf dem der Name aufgelöst werden soll, und der Server spezifiziert, der als erster kontaktiert werden soll (Klausel (0)). Dabei wird davon ausgegangen, dass jeder Agent einem bestimmten Server des Systems ("Main Server") zugeordnet ist, auf welchem die Operation gestartet wird.

Klausel (1) beschreibt den Fall, bei dem die Namensauflösung auf dem kontaktierten Server beendet und die Objektoperation durchgeführt werden kann. Der andere Fall, bei dem die Namensauflösung nicht terminiert und auf einem anderen Server fortgeführt werden muss, wird in Klausel (2) spezifiziert. Der neue Server wird über seine Netzadresse (New_Address) spezifiziert, da davon ausgegangen wird, dass Name Agents keine lokale Datenbasis besitzen, welche die Abbildung von Komponentennamen auf Netzadressen erlaubt.

```
% lookup(↓Agent, ↓Name, ↓Attr_Type, ↑Attr_Value)

(0) lookup(Agent, Name, Attr_Type, Attr_Value):-
        lookup(Agent, [], Name, Attr_Type, Attr_Value, 'Main Server Address').

(1) lookup(Agent, Context, Name, Attr_Type, Attr_Value, Address):-
        rem_proc_call(Agent, server_lookup, [Context, Name, Attr_Type, Attr_Value, resolved],
        Address).

(2) lookup(Agent, Context, Name, Attr_Type, Attr_Value, Address):-
        rem_proc_call(Agent, server_lookup,
            [Context, Name, Attr_Type, [New_Context, New_Address], unresolved], Address),
        lookup(Agent, New_Context, Name, Attr_Type, Attr_Value, New_Address).
```

Spez. 4.18: Die Lookup-Operation auf dem Name Agent

Spez. 4.18 zeigt die Spezifikation der Lookup-Operation auf einem Name Agent. Die Beschreibung der anderen Directory-Operationen ergibt sich analog mittels Spezialisierung aus dem obigen Schema.

Zum besseren Verständnis soll der Ablauf einer Lookup-Operation im Beispielsystem gezeigt werden. Auf dem Agent myagent, der - dies sei so angenommen - dem Server server_cern zugeordnet ist, wird das Attribut 'Phone' zum Objekt ['Schweiz', 'ETHZ', 'IFI', 'Zogg'] gesucht.

```
(0) lookup(myagent, ['Schweiz', 'ETHZ', 'IFI', 'Zogg'], 'Phone', Attr_Value)

(2) lookup(myagent, [], ['Schweiz', 'ETHZ', 'IFI', 'Zogg'], 'Phone', Attr_Value, 3000)

(1) lookup(myagent, [ch, ethz], ['Schweiz', 'ETHZ', 'IFI', 'Zogg'], 'Phone', Attr_Value, 2000)

Resultat: Attr_Value = '256 52 23'
```

Der Agent führt zuerst eine Teiloperation auf dem Server server_cern (Netzadresse 3000) aus und setzt dann die Operation auf dem Server server_ethz (Netzadresse 2000) fort.

4.7.2 Die Schicht "Name Server Operation"

Für jede Directory-Operation, die ein Name Agent einem Benutzer des Systems anbietet, gibt es eine entsprechende Operation in der Schicht "Name Server Operation" eines Name Servers. Diese Schicht enthält sechs Operationen, nämlich die vier Grundoperationen für den Zugriff auf die Objektattribute, sowie eine Register- bzw. eine Unregister-Operation für Objekte (siehe Fig. 4.5).

Die Spezifikationen der auf einem Name Server verfügbaren Operationen lassen sich aus folgendem Schema durch Spezialisierung gewinnen:

```
% ↓Server_Op(↓Server, ↓Context, ↓Name, ↓In₁, ...., ↓Inₖ, ↑Comp_St, ↑Res_St)


(1) Server_Op(Server, Context, Name, In₁, ...., Inₖ, [New_Context, New_Address], unresolved):-
        resolve(Server, Context, Name, [New_Context, New_Server], unresolved),
        locate(Server, New_Server, New_Address).


(2) Server_Op(Server, In₁, ...., Inₖ, [Out₁,...., Outₗ], resolved):-
        resolve(Server, Context, Name, Authorities, resolved),
        ....,
        Operation_on_distributed_database (Server, Authorities, In₁, ...., Inₖ, Out₁,...., Outₖ).
```

Eine Operation (Server_Op) der Schicht "Name Server Operation" wird aufgerufen unter Angabe der Argumente (Context, Name), welche den aktuellen Zustand der Auflösung des Objektnamens charakterisieren, und der Parameter (In₁, ..., Inₖ) der Objektoperation. Falls die Namensauflösung auf dem aktuellen Server nicht beendet werden kann (Klausel (1)), wird nach Abschluss der Teiloperation der Status der Operation im Argument Comp_St an den aufrufenden Name Agent zurückgegeben. Terminiert die Namensauflösung auf dem aktuellen Server erfolgreich (Klausel (2)), so führt dieser Server die notwendigen Operationen auf der verteilten Datenbasis aus.

Zunächst sei die Spezifikation der Lookup-Operation als Vertreterin derjenigen Operationen, welche den Zugriff auf die Objektattribute realisieren, angegeben:

```
% server_lookup(↓Server, ↓Context, ↓Name, ↓Attr_Type, ↑Comp_St, ↑Res_St)

(1) server_lookup(Server, Context, Name, _, [New_Context, New_Address], unresolved):-
        resolve(Server, Context, Name, [New_Context, New_Server], unresolved),
        locate(Server, New_Server, New_Address).

(2) server_lookup(Server, Context, Name, Attr_Type, Attr_Value, resolved):-
        resolve(Server, Context, Name, Authorities, resolved),
        repl_query(Server, Authorities, user_tuple(Name, Attr_Type, Attr_Value)).
```

Spez. 4.19: Die Lookup-Operation auf dem Name Server

Zur Illustration von Spez. 4.19 sei auf das Beispiel im letzten Abschnitt zurückgegriffen. Aufruf und Ergebnis der von einem Name Agent initiierten Operation server_lookup auf dem Server server_cern sind:

```
server_lookup(server_cern, [], ['Schweiz', 'ETHZ', 'IFI', 'Zogg'], 'Phone', Comp_St, Res_St)
Resultat: Comp_St = [[ch, ethz], 2000], Res_St = unresolved
```

Die Lookup-Operation des Name Agents kann auf diesem Server nicht beendet werden, sondern muss auf dem Server mit Netzadresse 2000 weitergeführt werden.

Die Register- bzw. Unregister-Operation unterscheidet sich von den Attribut-Operationen dadurch, dass sie sich auf ein ganzes Objekt anstatt auf ein einzelnes Attribut eines Objektes beziehen.

Bei der Register-Operation gibt der Benutzer einen (innerhalb der Namenskonvention) frei gewählten Namen zur Erzeugung eines "neuen" Objektes im Directory-System an. Das System, das die Eindeutigkeit von Objektnamen gewährleisten muss, darf die Registrierung nur dann vornehmen, wenn zum aktuellen Zeitpunkt kein Objekt mit dem gewünschten Namen existiert. Die dazu notwendige Überprüfung wird mittels der Namensauflösung auf dem gewünschten Objektnamen durchgeführt.

Die Registrierung eines Objektes ist in dieser Architektur folgendermassen realisiert: Für jedes Objekt wird zum Zeitpunkt der Registrierung ein systemweit eindeutiges "Birthmark-Attribut" der Form

```
user_tuple(Name, 'Birthmark', Birthmark)
```

generiert und auf den administrativen Servern für dieses Objekt abgespeichert. Als "Birthmark" kann man beispielsweise die Komposition der Parameter "Servername" und "aktueller Zeitstempel von diesem Server" (Birthmark = [Server, Time_Stamp]) verwenden. Die zur Registrierung komplementäre Unregister-Operation ist realisiert, indem sämtliche Attribute eines Objektes, inklusive das Birthmark-Attribut, aus dem System entfernt werden.

```
% server_register(↓Server, ↓Context, ↓Name, ↑Comp_St, ↑Res_St)

(1) server_register(Server, Context, Name, [New_Context, New_Address], unresolved):-
        resolve(Server, Context, Name, [New_Context, New_Server], unresolved),
        locate(Server, New_Server, New_Address).

(2) server_register(Server, Context, Name, _, resolved):-
        resolve(Server, Context, Name, Authorities, resolved),
        not repl_query(Server, Authorities, user_tuple(Name, Attr_Type, Attr_Value)),
        birthmark(Server, Birthmark),
        repl_add_tuple(Server, Authorities, user_tuple(Name, 'Birthmark', Birthmark)).
```

Spez. 4.20: Die Register-Operation auf dem Name Server

Spez. 4.20 zeigt die Spezifikation der Register-Operation in der Spezifikationssprache. Klausel (1) ist bis auf die Umbenennung des Operationsnamens identisch zur entsprechenden Klausel aller Operationen dieser Schicht, da sich diese auf den Fall der unvollständigen Namensauflösung bezieht. Klausel (2) beschreibt den bezüglich der Registrierung interessanten Fall, bei dem die Namensauflösung für den gewünschten Namen (Name) auf dem aktuellen Server terminiert. Zunächst wird nach Attributen eines Objektes mit diesem Namen gesucht, um herauszufinden, ob der gewünschte Name bereits vergeben ist. Verläuft die Suche negativ, wird ein Birthmark-Attribut für das neue Objekt generiert und im System gespeichert.

4.8 Unterschiede zur Darstellung in [Terry 85]

In diesem Abschnitt werden die Unterschiede zwischen der in diesem Kapitel spezifizierten und der in [Terry 85] dargestellten Architektur besprochen. Diese Unterschiede sind vor dem Hintergrund der verschiedenen Zielsetzungen der beiden Arbeiten zu verstehen.

Ziel der Arbeit von Terry ist es, neue Konzepte für Directory-Systeme vorzustellen. Er postuliert,
- die Meta- und Applikationsdaten bei der Bildung von Objekten strikte zu trennen, und
- die Metadaten prinzipiell auf dieselbe Weise zu modellieren wie die Applikationsdaten.

Damit zusammenhängend fasst Terry die Namensauflösung als Folge von Kontextbindungen auf, welche durch Clusterbedingungen auf dem N mensraum parametrisiert sind. Dies ermöglicht, die Namensauflösung unabhängig vom unterliegenden Rechnernetz und der organisatorischen Struktur des Directory-Systems zu modellieren. Zudem versucht Terry nachzuweisen, dass die Realisierung der von ihm vorgeschlagenen Konzepte ohne Einbusse an Effizienz der Operationen in einem Directory-System möglich ist.

Um seinen Ideen Gestalt zu verleihen, hat Terry die Architektur eines Directory-Systems beschrieben. Dabei ist er aber nicht immer präzis, lässt gelegentlich Details offen und diskutiert bisweilen mehrere Varianten eines Aspektes der Architektur.

Unser Ziel ist es hingegen, wie eingangs dieses Kapitels erwähnt, eine möglichst exakte, gut lesbare und vollständige Spezifikation der Architektur eines Directory-Systems, welche die Ideen von Terry enthält, zu geben.

Dazu treffen wir einige *einschränkende Annahmen*, die unserer Ansicht nach keine Beschneidung von Terrys Konzepten bedeuten, sondern im Gegenteil deren Mächtigkeit hervorheben. So beschränken wir uns, wie übrigens Terry bei seinen Beispielen auch, auf Systeme mit hierarchischen Namensräumen, obwohl ein Namensraum, dessen Komponenten einen gerichteten azyklischen Graphen mit genau einer Wurzel bilden (wie etwa bei [White 84]), mit der Darstellung in [Terry 85] verträglich wäre.

Im weiteren lässt Terry zu, dass sich Objektnamen bei jedem Schritt der Namensauflösung ändern. Damit ist es prinzipiell möglich, einen Zusammenschluss von Directory-Systemen mit unterschiedlichen Namenskonventionen zu beschreiben. Wir gehen jedoch von der Voraussetzung aus, dass ein Objekt einen systemweit eindeutigen Namen aufweist (Kapitel 2), und verzichten deshalb in unserer Darstellung auf die Änderung von Namen bei der Namensauflösung.

Da Terry unserer Meinung nach die Rolle der Kontextobjekte zuwenig genau festlegt, nehmen wir in diesem Kapitel eine *Erweiterung seines Konzept der Metadaten* vor, indem wir
(1) die Kontextobjekte als globale Objekte modellieren, welche eine (globale) Hierarchie, den Kontextbaum, bilden und, analog zu den Applikationsobjekten, von den Server alloziert werden können, und
(2) jedem Blatt des Kontextbaumes genau ein Fragment der Applikationsdaten zuordnen (und umgekehrt).
Die Entscheidung (1) hat den Vorteil der Einfachheit und Klarheit: Der Kontextbaum ist ein direktes Abbild der Partitionierung des Objektraumes in eine Hierarchie von Teilräumen und der Allokation der Applikationsdaten. Die Vorteile von (2) sind im Abschnitt 4.5 besprochen.

Unsere Darstellung ist, im Vergleich zu Terry, insofern *vollständig*, als die Dienste des Kommunikationssystems und der lokalen Datenverwaltung eines Servers formal spezifiziert sind und deshalb die Simulation eines Systems mit der spezifizierten Architektur ermöglichen (siehe Kapitel 6).

Terry benutzt als formales Beschreibungsmittel für die wichtigsten Ausschnitte der Architektur die prozeduralen Programmiersprache MESA (siehe Abschnitt 1.2). Die von uns verwendete *Spezifikationsmethode ist* insofern *vorteilhafter*, als die Spezifikationen eine deklarative Semantik besitzen (siehe Kapitel 5). Auch sind sie kompakter und, wie wir meinen, besser lesbar.

5 Die Spezifikationsmethode

In diesem Kapitel wird eine Spezifikationsmethode zur Darstellung der Architektur eines Directory-Systems vorgestellt.

Eine Spezifikationsmethode umfasst für uns drei Aspekte. Erstens muss eine Sprache festgelegt sein, welche als formale Grundlage der Beschreibung dient. Eine solche Spezifikationssprache, die auf Prolog basiert, ist in Kapitel 3 bestimmt worden. Der zweite Aspekt einer Spezifikationsmethode ist die Abbildung einer konzeptionellen Beschreibung eines Systems in die Spezifikationssprache. Dies ist Gegenstand der ersten Abschnitte dieses Kapitels. Am Beispiel der Architektur nach Terry (Kapitel 4) wird aufgezeigt, wie die einzelnen Teilmodelle der Architektur in die Spezifikationssprache abgebildet und in Prolog dargestellt werden. In Analogie dazu kann eine Abbildung für eine andere Architektur, z.B. die X.500-Architektur (Kapitel 7), festgelegt werden. Die Angabe möglicher Vorgehensweisen zur Entwicklung einer Spezifikation bildet den letzten Aspekt einer Spezifikationsmethode. Darauf wird am Ende dieses Kapitels eingegangen.

Den Operationen, welche nach der erwähnten Spezifikationsmethode definiert werden, kann eine deklarative Semantik und eine mögliche prozedurale Realisierung zugeordnet werden. Dies wird in Abschnitt 5.4 gezeigt. Die Tatsache, dass die von uns erstellten Spezifikationen eine deklarative Semantik besitzen, ist ein wichtiger Vorteil gegenüber den eingangs der Arbeit erwähnten anderen Darstellungen von Directory-Systemen (Tab. 1.6).

5.1 Das Informationsmodell

Begriff der Architektur	Modellierung in der Architektur	Darstellung in Prolog
Name	endliche Liste von Komponenten	Liste von Atomen
Objekt	Menge von Attributen	Jedes Attribut ist ein Fakt.
Namensabbildung	Namensauflösung	Prädikat
Directory-Operation	Operation im Schichtenmodell	Prädikat

Tab. 5.1: Modellierung und Darstellung des Informationsmodells

Tab. 5.1 zeigt, wie die Begriffe des Informationsmodells der Architektur von Kapitel 4 modelliert und mit Hilfe von Prolog dargestellt werden. Der Namensraum und der Objektraum dieser Architektur sind vergleichsweise einfach, im Gegensatz etwa zur X.500-Architektur. Dieser Umstand erlaubt eine einfache und übersichtliche Beschreibung der Information, welche vom Directory-System verwaltet wird, in Form von Prolog-Fakten. Darstellung und Semantik der Operationen werden weiter unten behandelt.

5.2 Die Gliederung des Systems

Die Komponenten des Directory-Systems werden durch eine Relation beschrieben. Zur Spezifikation der Funktionalität der Komponenten werden diese in Schichten gegliedert. Diese Gliederung ist im Schichtenmodell (Fig. 4.4) dargestellt. In den Schichten dieses Modells sind Operationen definiert (Fig. 4.5), auf welche über normierte Schnittstellen zugegriffen werden kann. Jeder Operation ist ein Prädikat zugeordnet, das ihre Semantik definiert. Die Art der Beschreibung einer Operation ist in Tab. 5.2 zusammengefasst.

Operation im Schichtenmodell	Darstellung in Prolog
Schnittstelle	Term der Form Op(X1, ..., Xn); Seine Argumente Xi tragen die Bezeichnung der Systemkomponente und der Parameter der Operation Op; Kennzeichnung der Eingabe- und Ausgabeparameter.
Argument der Schnittstelle	
atomar	Variable
strukturiert	Term mit Variablen, z.B. eine Liste
Semantik	Prädikat Op(X1, ..., Xn)
Aufruf	Aufruf des Prädikats als Ziel; Die Eingabeparameter sind gebunden.
Ausführung	Beweis, Abarbeitung des Ziels
Terminierung	
erfolgreich	Gelingen des Beweises; die Ausgabeparameter sind gebunden.
mit Fehler	Misslingen (Fehlschlagen) des Beweises

Tab. 5.2: Modellierung und Darstellung von Operationen im Schichtenmodell

Die Directory-Operationen (das sind diejenigen Operationen, welche ein Benutzer des Directory-Systems ausführen kann), die Namensauflösung und die Dienste des Kommunikationssystems sind als Operationen im Schichtenmodell enthalten. Man kann diese Operationen als ausgezeichnete Dienste auffassen, denen die übrigen im Schichtenmodell definierten Operationen Hilfsdienste anbieten.

In der Spezifikation der Architektur nach Terry (Kapitel 4) wird jeder Parameter einer Operation durch seine *Position in der Argumentliste* des Prädikats, das die Operation beschreibt, festgelegt (Tab. 5.2). In Kapitel 7, das der Spezifikation der X.500-Architektur gewidmet ist, wird ein anderer Ansatz zur Darstellung der Operationsparameter gewählt (Abschnitt 7.6). Die Parameter werden als Terme in Prolog dargestellt und von einem *abstrakten Datentyp* verwaltet. Instanzen dieses Datentyps bilden die Argumente des Prädikats, welches die Operation spezifiziert (Fig. 7.7).

Die Spezifikationen einiger Operationen in Kapitel 4, die der untersten Schicht des Schichtenmodells angehören, werden dort als *Schnittstellenspezifikationen* bezeichnet.

Dazu gehören jene Spezifikationen, welche die lokalen Datenverwaltungsmechanismen eines Name Servers oder die Dienste des Kommunikationssystems festlegen (Spez. 4.5, Spez. 4.6). Diese Spezifikationen sind nicht in der Spezifikationssprache geschrieben. Es sind Prolog-Programme, welche (aus praktischen Gründen) Prädikate enthalten, die in der Spezifikationssprache nicht zugelassen sind, z.B. Systemprädikate, die Seiteneffekte erzeugen. Zudem ist in diesen Programmen die Reihenfolge der Teilziele innerhalb einer Klausel für deren Verständnis relevant. Schnittstellenspezifikationen legen lediglich das *Verhalten der Schnittstelle einer Operation* fest. Sie ermöglichen damit die Ausführbarkeit der Spezifikationen und die Simulation eines Systems mit spezifizierter Architektur (Kapitel 6).

5.3   Die Verteilung der Objekte und die Modellierung der Metainformation

Die Verteilung von Benutzer- und Kontextobjekten im Directory-System von Kapitel 4 wird durch die Verwendung von Clusterbedingungen (Spez. 4.9) festgelegt. Jede Clusterbedingung ist als Prolog-Prädikat dargestellt, beispielsweise als Instanz eines Prädikats aus Spez. 4.10 oder Spez. 4.11.

Die Metadaten der Architektur sind analog zu den Applikationsdaten als Objekte modelliert und weisen dieselbe innere Struktur auf (Spez. 4.8). Auf diese Weise ist die Metainformation eines Systems als eine Menge von Kontextobjekten und Komponentenobjekten strukturiert. Die Clusterbedingungen sind als Prädikate im Datenteil der Kontextobjekte enthalten (Spez. 4.8).

Sowohl die Bedingungen an den globalen Kontextbaum als auch die Regeln für die Allokation von Kontextobjekten sind in natürlicher Sprache verfasst. Man könnte diese Teile der Spezifikation formal auf der Basis der Spezifikationssprache definieren, beispielsweise unter Zuhilfenahme von Graphentraversierungsverfahren [Sterling, Shapiro 86].

5.4   Die Semantik der Spezifikation einer Operation

Jeder Operation im Schichtenmodell ist ein Prädikat zugeordnet (Tab. 5.2). In der Regel ist eine Operation von anderen Operationen abhängig, die in der Definition des Prädikats vorkommen und zu derselben oder tieferen Schichten gehören. Somit wird die Semantik einer Operation durch eine Hierarchie von Prädikaten bestimmt.

Die Menge dieser Prädikate kann als logisches Programm, das in der Spezifikationssprache geschrieben ist, aufgefasst werden. Die Vervollständigung dieses Programms bestimmt eine deklarative Semantik und die SLDNF-Resolution legt eine prozedurale Semantik für das Programm fest (Kapitel 3). In diesem Sinne kann der Spezifikation einer Operation eine deklarative und eine prozedurale Semantik zugeordnet werden.

Ein Aspekt der deklarativen Semantik ergibt sich daraus, dass das Prädikat, welches zur Operation gehört, als Relation zwischen den Eingabe- und Ausgabeparametern der entsprechenden Operation aufgefasst werden kann. Es definiert auf diese Weise das Verhalten der Operation.

```
% resolve(↓Server, ↓Context, ↓Name, ↑Computation_Status, ↑Resolve_Status)

(1) resolve(Server, Context, Name, Authorities, resolved):-
        cluster_query(Server, Context, Name, 'Authorities', Authorities).

(2) resolve(Server, Context, Name, Comp_Status, Res_Status):-
        cluster_query(Server, Context, Name, 'Context Binding', New_Context),
        find_context(Server, Context, New_Context, Context_Authorities),
        member(Server, Context_Authorities),
        resolve(Server, New_Context, Name, Comp_Status, Res_Status).

(3) resolve(Server, Context, Name, [New_Context, New_Server], unresolved):-
        cluster_query(Server, Context, Name, 'Context Binding', New_Context),
        find_context(Server, Context, New_Context, Context_Authorities),
        not member(Server, Context_Authorities),
        select_server(New_Server, Context_Authorities).
```

Fig. 5.3: Spezifikation der verteilten iterativen Namensauflösung

Der zweite, informelle Aspekt der deklarativen Semantik ergibt sich aus dem Umstand, dass ein Prädikat aus eine Menge von Hornklauseln besteht. Jede Klausel lässt sich als "möglicher Fall" für eine Operation interpretieren. Bei der Spezifikation der Architektur haben wir diese Fälle numeriert. Zur Illustration sei an die Spezifikation der verteilten Namensauflösung erinnert (Spez. 4.17 oder Fig. 5.3), in der die drei Hornklauseln (1) - (3) drei mögliche Fälle für einen Namensauflösungsschritt auf einem Server festlegen: Terminierung der Namensauflösung beim nächsten Schritt (1), Abarbeitung des nächsten Schritts auf dem aktuellen Server (2), und Abarbeitung des nächsten Schritts auf einem anderen Server (3).

```
% resolve(↓Server, ↓Context, ↓Name, ↑Computation_Status, ↑Resolve_Status)

resolve(Server, Context, Name, Comp_Status, Res_Status):-
        cluster_query(Server, Context, Name, Type, Value),
        (   Type == 'Authorities',
            Comp_Status = Value,
            Res_Status = resolved

        ;
            Type == 'Context Binding',
            New_Context = Value,
            find_context(Server, Context, New_Context, Context_Authorities),
            (   member(Server, Context_Authorities),
                resolve(Server, New_Context, Name, Comp_Status, Res_Status)

            ;
                select_server(New_Server, Context_Authorities),
                Comp_Status = [New_Context, New_Server],
                Res_Status = unresolved
            )
        ).
```

Fig. 5.4: Effiziente Darstellung der verteilten iterativen Namensauflösung

Die prozedurale Semantik zeigt eine mögliche Realisierung einer spezifizierten Operation auf. So bestimmt die Abarbeitungsstrategie eines Prolog-Systems einen sequentiellen Algorithmus zur Realisierung einer Spezifikation. Eine andere prozedurale Realisierung ist denkbar, z.B. durch paralleles Ausführen einzelner Abarbeitungsschritte. Die deklarative Semantik der Spezifikation einer Operation ist unabhängig von der prozeduralen Realisierung.

Der Algorithmus zur Realisierung einer Operation, der sich aus der Abarbeitungsstrategie von Prolog ergibt, kann sehr ineffizient sein. Dies nehmen wir bewusst in Kauf, denn unser Ziel ist die Übersichtlichkeit der Spezifikation. Die Namensauflösung in Fig. 5.3 ist ein Beispiel dafür: Die Spezifikation ist übersichtlich aber sehr ineffizient bezüglich der Abarbeitung durch einen Prolog-Interpreter. Fig. 5.4 zeigt ein äquivalentes Prolog-Programm, das wesentlich effizienter abgearbeitet werden kann, aber schlechter lesbar ist. Die drei "Fälle" von Fig. 5.3 sind darin nur mit Mühe auszumachen. Dagegen gewinnt man aus Fig. 5.4 leicht einen sequentiellen Algorithmus zur Realisierung der verteilten Namensauflösung, der in der folgenden Modula-Prozedur dargestellt ist (Fig. 5.5). (Logische Alternativen werden in CASE- bzw. IF-Anweisungen übersetzt, Gleichheitsbedingungen, bei denen eine Seite aus einer ungebundenen Variablen besteht, werden als Zuweisungen dargestellt usw.)

```
CONST
        maxServer=...

TYPE
        Server: ....
        ObjectName: ....
        Authorities: ARRAY[1..maxServer] OF Server;
        ResStatus =    (resolved, unresolved);
        CompStatus = RECORD
          CASE Type: ResStatus OF
             resolved:
                    Authorities: Authorities
             | unresolved:
                    Context: ObjectName; ResStatus: ResStatus
          END;

PROCEDURE resolve(Server: Server; Context, Name: ObjectName;
                    VAR CompStatus: CompStatus; VAR ResStatus: ResStatus): BOOLEAN;
VAR
        Type: ('Authorities', 'Context Binding');
        Value: RECORD
              CASE Type: ResStatus OF
                    resolved:
                            Authorities: Authorities
                    | unresolved:
                            Context: ObjectName;
              END;
        NewContext: ObjectName;
        ContextAuthorities: Authorities;
        NewServer: Server;
BEGIN
        clusterQuery(Server, Name, Type, Value);
        CASE Type OF
           'Authorities':
              CompStatus.Authorities:= Value.Authorities;
              ResStatus:= 'resolved'
           | 'Context Binding':
              NewContext:= Value.Context;
              findContext(Server, Context, NewContext, ContextAuthorities);
              IF member(Server, ContextAuthorities)
                    THEN
                    RETURN resolve(Server, NewContext, Name, CompStatus, ResStatus)
                    ELSE
                            selectServer(NewServer, ContextAuthorities);
                            CompStatus.Context:= NewContext;
                            CompStatus.Server:= NewServer;
                            ResStatus:= unresolved;
                            RETURN TRUE
              END;
        ELSE
           RETURN FALSE;
        END;
END resolve;
```

Fig. 5.5: Der Algorithmus der verteilten iterativen Namensauflösung als Modula-Prozedur

5.5 Das Entwickeln der Spezifikation einer Operation

Verschiedene Techniken, die sich teilweise ergänzen, können angewandt werden, um eine Spezifikation zu entwickeln. Ein wichtiges Ziel dabei bleibt, eine gut lesbare und kompakte Darstellung zu erhalten. Die folgenden Beispiele beziehen wir aus der Entwicklung der Namensauflösung der Architektur von Kapitel 4.

Vielfach lässt sich die Spezifikation einer Operationen aus der *Formalisierung von Bedingungen* gewinnen. Die Spezifikation der globalen Namensauflösung (Spez. 4.12) wurde auf diese Weise erhalten, indem zwei Bedingungen als Prolog-Prädikate dargestellt wurden.

Eine andere Möglichkeit besteht darin, die Spezifikation aus einer *Menge möglicher Fälle* zusammenzustellen, welche eine Operation bestimmen. Ein Beispiel dazu liefert die Entwicklung der verteilten Namensauflösung (Spez. 4.15 und Spez. 4.17). Die Festlegung der einzelnen Fälle kann mit Hilfe der prozeduralen Interpretation erfolgen, wie dies bei der verteilten Namensauflösung geschehen ist.

Schliesslich sehen wir die Möglichkeit, eine Operation aus der Spezifikation einer anderen Operation durch *schrittweise Verfeinerung* oder durch *Abänderung* zu erhalten. Auf diese Weise liesse sich die verteilte Namensauflösung aus der globalen herleiten.

Die letztgenannte Methode kann auch bei der Erweiterung oder Änderung einer Architektur angewandt werden. Durch den "modularen Aufbau" eines Prädikats aus einer Menge von Horn-Klauseln ist es leicht möglich, die Spezifikation durch Hinzufügen oder Entfernen von Klauseln zu verändern. Entfernt man beispielsweise Klausel (3) aus der Spezifikation von Fig. 5.3, so erhält man die Beschreibung der Namensauflösung für eine Architektur, bei der diese Operation lokal ausgeführt werden kann, also der gesamte Kontextbaum von jedem Server alloziert ist.

6 Die Simulation eines Directory-Systems

In diesem Kapitel wird gezeigt, wie ein in der Spezifikationssprache beschriebenes Directory-System simuliert werden kann. Dabei wird von der Spezifikation der Architektur nach Terry (Kapitel 4) ausgegangen, und es werden Begriffe verwendet, die im Rahmen der Beschreibung dieser Architektur definiert wurden.

Die für die Simulation relevanten Teile der Spezifikation einer Architektur bestehen aus Prolog-Programmen. Diese Programme können von einem Prolog-System abgearbeitet werden. In diesem Sinne ist die Spezifikation der Architektur *ausführbar*.

Durch das Ausführen dieser Spezifikation lässt sich das Directory-System oder ein Teilsystem davon in der Interaktion mit seiner Umgebung beobachten. Insofern erlaubt das Ausführen der Spezifikation die *Simulation* des spezifizierten Systems.

Im folgenden Abschnitt wird ein einfaches System zur Simulation der Architektur beschrieben. Daran schliesst sich ein Abschnitt über die Art der Simulation, die das System ermöglicht, an, worauf ein letzter Abschnitt mit Simulationsbeispielen eines Directory-Systems mit festgelegter Konfiguration folgt.

6.1 Das Simulationssystem

Die Gliederung des *Simulationssystems* ist in Fig. 6.1 dargestellt. Es besteht aus dem Prolog-System, den ausführbaren Teilen der Spezifikation der Architektur und den Daten des Directory-Systems, das man simulieren will. Die Pfeile in Fig. 6.1 symbolisieren den Zugriff während des Simulationsvorgangs.

Die Daten des Directory-Systems (Applikationsdaten und Konfigurationsdaten) sind in Prolog als Fakten dargestellt, die Operationen (Spezifikationen der Operationen und Schnittstellenspezifikationen) als Regeln. (Unter "Operationen" verstehen wir nicht nur die Directory-Operationen, wie sie dem Benutzer des Directory-Systems zur Verfügung stehen, sondern allgemein Operationen, die im Schichtenmodell der Systemkomponenten definiert sind (Fig. 4.4).)

Die Information, welche das Directory-System für seine Benutzer verwaltet, nennt man *Applikationsdaten*. Diese Daten sind in der Architektur von Kapitel 4 in Form von Benutzerobjekten modelliert.

Die *Konfigurationsdaten* sind Metadaten des Directory-Systems. Sie enthalten Informationen über die Systemkonfiguration. Zu den Konfigurationsdaten zählen die Ausprägung des funktionalen Modells und die Information über die Partitionierung und Allokation der

Applikationsdaten. In der Architektur von Kapitel 4 werden die Konfigurationsdaten durch den Baum der Kontextobjekte und die Komponentenobjekte beschrieben.

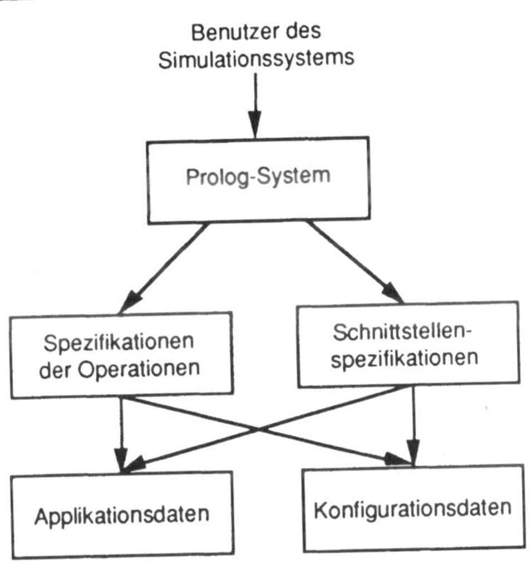

Fig. 6.1: Das Simulationssystem

Die *Schnittstellenspezifikationen* enthalten die Spezifikationen von Operationen, die nicht in der Spezifikationssprache geschrieben, sondern in Prolog programmiert sind (Abschnitt 5.2). Sie realisieren das gewünschte Verhalten der Schnittstellen der entsprechenden Operationen, um die Spezifikation der Architektur ausführbar zu machen. Zu den Schnittstellenspezifikationen gehören Prädikate, welche die lokale Datenverwaltung einer Systemkomponente oder die Dienste des Kommunikationssystems festlegen.

In den *Spezifikationen der Operationen* sind die Beschreibungen aller übrigen Operationen, die im Rahmen des Schichtenmodells definiert sind, enthalten.

Den Kern des *Prolog-Systems* bildet der Prolog-Interpreter. Zum Prolog-System gehören auch der Prolog-Tracer, sowie allenfalls weitere Werkzeuge, welche in einer Prolog-Entwicklungsumgebung zur Verfügung stehen. Der Benutzer des Prolog-Systems hat die Möglichkeit, dieses durch selbstgeschriebene Prädikate zu einer komfortableren Simulationsumgebung zu erweitern.

6.2 Die Art der Simulation eines Systems

Auf welche Weise lässt sich das Verhalten eines Directory-Systems mit spezifizierter Architektur beobachten, resp. ein Directory-System mit dieser Architektur simulieren? Wir zeigen, wie die *Ausführung einer Operation* im System simuliert und nach gewissen Kriterien analysiert werden kann.

Ein Baum von Operationsaufrufen im Directory-System

1: lookup(↓myagent, ↓['CERN', 'Data Handling', 'Wiegandt'], ↓'Phone', ↑'211 34 88')

  2: rem_proc_call(↓myagent, ↓server_lookup, [↓[], ↓['CERN', 'Data Handling', 'Wiegandt'], ↓'Phone', ↑'211 34 88', ↑resolved], ↓'3000')

    3: server_lookup(↓server_cern, ↓[], ↓['CERN', 'Data Handling', 'Wiegandt'], ↓'Phone', ↑'211 34 88', ↑resolved)

      4: resolve(↓server_cern, ↓[], ↓['CERN', 'Data Handling', 'Wiegandt'], ↑[server_cern, server_unizh], ↑resolved)

        5: resolve(↓server_cern, ↓[], ↓[cern], ↑[server_unizh, server_ethz, server_cern], ↑resolved)

        6: resolve(↓server_cern, ↓[cern], ↓['CERN', 'Data Handling', 'Wiegandt'], ↑[server_cern, server_unizh], ↑resolved)

          7: resolve(↓server_cern, ↓[cern], ↓[cern, dd], ↑[server_cern, server_unizh], ↑resolved)

          8: resolve(↓server_cern, ↓[cern, dd], ↓['CERN', 'Data Handling', 'Wiegandt'], ↑[server_cern, server_unizh], ↑resolved)

      9: repl_query(↓server_cern, ↓[server_cern, server_unizh], ↓user_tuple(['CERN', 'Data Handling', 'Wiegandt'], 'Phone', ↑'211 34 88'))

        10: query(↓server_cern, ↓user_tuple(['CERN', 'Data Handling', 'Wiegandt'], 'Phone', ↑'211 34 88'))

lookup(↓Agent, ↓Name, ↓Attr_Type, ↑Attr_Value) ....

rem_proc_call(↓Comp, ↓Proc_Name, ↓↑Args, ↓Address) .... (Spez. 4.18)

server_lookup(↓Server, ↓Context, ↓Name, ↓Attr_Type, ↑Computation_Status, ↑Resolve_Status) .... (Spez. 4.5)

resolve(↓Server, ↓Name, ↓Context, ↑Computation_Status, ↑Resolve_Status) .... (Spez. 4.19)

repl_query(↓Server, ↓Storage_Sites, ↓↑Tuple_Spec) .... (Spez. 4.17)

query(↓Server, ↓↑Tuple_Spec) .... (Spez. 4.7)

.... (Spez. 4.6)

Fig. 6.2: Beispiel eines Baumes von Operationsaufrufen im Directory-System, zusammen mit den Schnittstellen der Operationen.

Angenommen, eine Operation Op, die auf einer Systemkomponente Comp ausgeführt werden soll, weise die folgende Schnittstelle auf:

$$Op(\downarrow Comp, \downarrow In_1, ..., \downarrow In_m, \uparrow Out_1, ...; \uparrow Out_n) \qquad m,n \geq 0$$

Bei der Simulation der *Ausführung einer Operation* werden entweder die Ausgabeparameter ($\uparrow Out_1$, ..., $\uparrow Out_n$) der Operation (Op) in Abhängigkeit der Eingabeparameter ($\downarrow In_1$, ..., $\downarrow In_m$), der Systemkonfiguration und der Applikationsdaten bestimmt, oder aber das Fehlschlagen der Operation wird festgestellt.

Falls die Operation Op erfolgreich terminiert, lässt sich bei der *Analyse der Ausführung* dieser Operation bestimmen, welche Operationen auf welchen Systemkomponenten mit welchen Eingabe- und Ausgabeparametern aufgerufen werden. Das Resultat einer solchen Analyse ist ein *Baum von Operationsaufrufen*, dessen Wurzel die ursprüngliche Operation Op bildet. Fig. 6.2 zeigt ein Beispiel eines solchen Baumes.

Der Baum der Operationsaufrufe lässt sich unterschiedlich interpretieren. Die *deklarative Interpretation* ergibt sich aus der Tatsache, dass zur Ausführung einer Operation in einem Knoten des Baumes die Operationen der Söhne dieses Knotens ausgeführt werden müssen. Gemäss dieser Sichtweise liest man aus Fig. 6.2, dass zur Ausführung der Wurzeloperation lookup die Operation rem_proc_call ausgeführt werden muss, welche die Abarbeitung der Operation server_lookup voraussetzt, die ihrerseits auf resolve und repl_query beruht usw.

Wir bemerken, dass die Struktur dieses Baumes nicht nur vom Namen der Operation des Wurzelknotens, sondern wesentlich von den Werten der Eingabeparameter dieser Operation sowie der Systemkonfiguration abhängt. Ansonsten liesse sich dieser Baum aus der statischen Analyse der Spezifikation der entsprechenden Operation gewinnen.

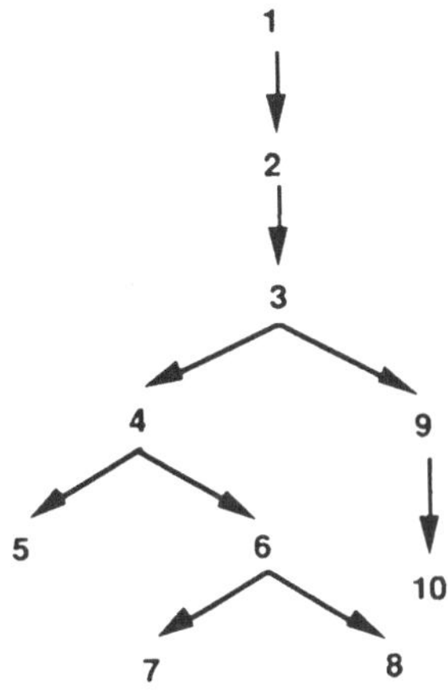

Fig. 6.3: "depth first"-Traversierung des Baumes der Operationsaufrufe von Fig. 6.2

Wird der Baum der Operationsaufrufe "depth first" traversiert (Fig 6.3), so erhält man eine *prozedurale Interpretation* der Ausführung der Operation des Wurzelknotens. Diese entspricht einer prozeduralen Realisierung einer Operation, welche durch die Abarbeitungsstrategie des Prolog-Interpreters bestimmt wird. Setzt man diese prozedurale Realisierung voraus, dann lässt sich der *Ablauf einer Operation* im Directory-System beobachten resp. simulieren. Beispiele dazu folgen im nächsten Abschnitt.

Oft ist nicht der gesamte Baum der Operationsaufrufe von Interesse, sondern lediglich ein Ausschnitt davon. Will man beispielsweise wissen, wieviele RPC (Remote Procedure Call) während der Ausführung einer bestimmten Directory-Operation im System aufgerufen werden, so genügt es, den Teilbaum mit den Knoten zu betrachten, welche die RPC-Operationen darstellen.

Welche Beziehung besteht zwischen dem von uns definierten Baum der Operationsaufrufe und verwandten Begriffen aus der logischen Programmierung? Der Baum der Operationsaufrufe ist ein Ausschnitt aus dem sogenannten Beweisbaum (proof tree) [Sterling, Shapiro 86], der die Herleitung des Ziels des Wurzelknotens aus einem logischen Programm strukturiert. Der Beweisbaum seinerseits lässt sich aus einem erfolgreichen Pfad des SLD-Baumes (Kapitel 3) gewinnen, welcher zu einem Lösungsknoten führt. (Der SLD-Baum wird vom Prolog-Interpreter bei der Abarbeitung des Ziels traversiert.)

Als Werkzeuge zur Simulation eines Directory-Systems können der Prolog-Interpreter und der Prolog-Tracer, welche standardmässig zu jedem Prolog-System gehören, verwendet werden. Bei der Simulation der Ausführung einer Operation wird der Operationsaufruf dem Prolog-Interpreter als Ziel übergeben. Der Baum der Operationsaufrufe lässt sich aus der Ausgabe des Prolog-Tracers gewinnen.

6.3 Simulationsbeispiele

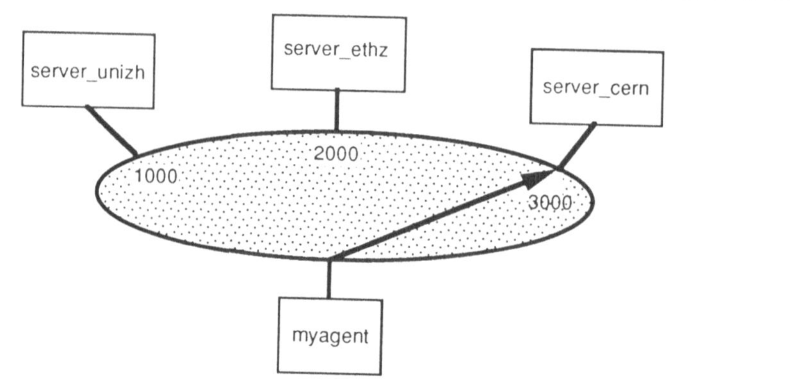

Fig. 6.4: Die Komponenten und Netzadressen des Beispielsystems

In diesem Abschnitt werden einige Beispiele zur Simulation eines Directory-Systems mit der Architektur von Kapitel 4 vorgeführt.

Das System, das zur Simulation verwendet wird, besitzt dieselbe Konfiguration und dieselben Daten wie das in Kapitel 4 beschriebene Beispielsystem.

Die Konfiguration des Beispielsystems ist festgelegt durch die Ausprägung des funktionalen Modells (Fig. 4.3), die Partitionierung des Raumes der Benutzerobjekte (Fig. 4.6), den Kontextbaum (Fig. 4.7) und die Allokation der Kontextobjekte (Fig. 4.8). Zur Erinnerung sind die Komponenten des Beispielsystems und deren Adressen im Kommunikationssystem in Fig. 6.4 dargestellt.

Die Simulation der Ausführung von Operationen wird demonstriert an drei Directory-Operationen (1) - (3), welche auf dem Agent myagent, der an den Server server_cern angeschlossen ist (Fig. 6.4), aufgerufen werden.

(1) Um die Leseoperation lookup (Spez. 4.18) mit den beiden Eingabeparametern
Name=['CERN', 'Data Division', 'Wiegandt'], Attr_Type='Phone'
im Beispielsystem auszuführen, ruft man den Prolog-Interpreter mit dem Ziel
lookup(myagent, ['CERN', 'Data Division', 'Wiegandt'], 'Phone', Phone)
auf und erhält als Resultat die Ausgabe:
Phone='211 34 88'

(2) Die Ausführung der Operation
lookup(myagent, ['Schweiz', 'ETHZ', 'IFI', 'Zogg'], 'Phone', Phone)
liefert in analoger Weise:
Phone='256 22 36'

Ein Vergleich der Analyse der Ausführung der Operationen (1) und (2) zeigt, dass bei (2) alle Server des Systems in die Abarbeitung der entsprechenden Operation einbezogen werden, bei (1) nur ein einziger (siehe unten).

(3) Die Registrieroperation (Spez. 4.20)
register(myagent, ['CERN', 'Data Division', 'Hoffmann'])
terminiert erfolgreich, was bedeutet, dass ein Objekt mit Namen ['CERN', 'Data Division', 'Hoffmann'] im System erzeugt worden ist.

Der Aufruf der Registrieroperation (3) verändert die Applikationsdaten des Systems, indem auf den Servern server_unizh und server_cern ein Birthmark-Attribut für das Objekt namens ['CERN', 'Data Division', 'Hoffmann'] eingefügt wird. Diese Überlegung lässt sich durch Ausführung entsprechender Abfrageoperationen verifizieren.

Im folgenden wird eine Analyse der Ausführung der Operationen (1) - (3) vorgenommen. Bei der Interpretation des Baumes der Operationsaufrufe beschränken wir uns auf jene Knoten des Baumes, die RPC-Aufrufe darstellen. Die Information über diesen Ausschnitt des Baumes liefert der Prolog-Tracer.

Der Tracer gibt beim Aufruf (call) und nach erfolgreicher Abarbeitung einer Operation (exit) jeweils eine Zeile aus. Die beim Aufruf enthaltenen Variablen, welche nach der

Abarbeitung gebunden sind, gehören zum Resultat der Operation. Wie man sofort bemerkt, ist der Trace relativ schlecht lesbar.

Für die Operation (1) lässt sich die Ausgabe des Prolog-Tracers

```
........
call    rem_proc_call(myagent, server_lookup, [[], ['CERN', 'Data Division',
        'Wiegandt'], 'Phone', _896, resolved], '3000')
exit    rem_proc_call(myagent, server_lookup, [[], ['CERN', 'Data Division',
        'Wiegandt'], 'Phone', '211 34 88', resolved], '3000')
```

folgendermassen interpretieren (vergl. Spez. 4.5, Spez. 4.18):
Der Agent (myagent) löst auf dem Server (server_cern, Netzadresse: 3000) über RPC (rem_proc_call) die Operation

    server_lookup(server_cern, [], ['CERN', 'Data Division', 'Wiegandt'], 'Phone', Phone, Resolve_Status)

mit Resultat

    Phone='211 34 88', Resolve_Status=resolved

aus.

Zur Operation (2) enthält der Trace die Angaben:

```
...........
call    rem_proc_call(myagent, server_lookup, [[], ['Schweiz', 'ETHZ', 'IFI', 'Zogg'],
        'Phone', [_961, _963], unresolved], '3000')
exit    rem_proc_call(myagent, server_lookup, [[], ['Schweiz', 'ETHZ', 'IFI', 'Zogg'],
        'Phone', [[ch, ethz], '1000'], unresolved], '3000')
...........
call    rem_proc_call(myagent, server_lookup, [[ch, ethz], ['Schweiz', 'ETHZ', 'IFI',
        'Zogg'], 'Phone', [_1499, _1501], unresolved], '1000')
exit    rem_proc_call(myagent, server_lookup, [[ch, ethz], ['Schweiz', 'ETHZ', 'IFI',
        'Zogg'], 'Phone', [[ch, ethz, ifi], '2000'], unresolved], '1000')
...........
call    rem_proc_call(myagent, server_lookup, [[ch, ethz, ifi], ['Schweiz', 'ETHZ',
        'IFI', 'Zogg'], 'Phone', _898, resolved], '2000')
exit    rem_proc_call(myagent, server_lookup, [[ch, ethz, ifi], ['Schweiz', 'ETHZ',
        'IFI', 'Zogg'], 'Phone', '256 22 36', resolved], '2000')
```

Die Interpretation dieses Traces (vergl. Spez. 4.5, Spez. 4.18): Der Agent (myagent) löst auf dem Server (server_cern) über RPC die Operation

    server_lookup(server_cern, [], ['Schweiz', 'ETHZ', 'IFI', 'Zogg'], 'Phone', Computation_Status, Resolve_Status)

mit Resultat

    Computation_Status=[[ch, ethz], '1000'], Resolve_Status=unresolved

aus. Anschliessend ruft er auf dem Server server_unizh die Operation

    server_lookup(server_unizh, [ch, ethz], ['Schweiz', 'ETHZ', 'IFI', 'Zogg'], 'Phone', Computation_Status, Resolve_Status)

mit dem Ergebnis

    Computation_Status=[[ch, ethz, ifi], '2000'], Resolve_Status=unresolved

auf, um schliesslich auf dem Server server_ethz die Operation

    server_lookup(server_ethz, [ch, ethz, ifi], ['Schweiz', 'ETHZ', 'IFI', 'Zogg'], 'Phone', Phone, Resolve_Status)

auszuführen, was zur gesuchten Information führt:

    Phone='256 22 36', Resolve_Status=resolved

Für die Operation (3) lässt sich aus dem Trace

```
call    rem_proc_call(myagent, server_register, [[], ['CERN', 'Data Division',
        'Hoffmann'], _931, resolved], '3000')
    call rem_proc_call(server_cern, add_tuple, [user_tuple(['CERN', 'Data Division',
        'Hoffmann'], 'Birthmark', 'server_cern: 28th March 90 7.23pm')], '1000')
    exit rem_proc_call(server_cern, add_tuple, [user_tuple(['CERN', 'Data Division',
        'Hoffmann'], 'Birthmark', 'server_cern: 28th March 90 7.23pm')], '1000')
exit    rem_proc_call(myagent, server_register, [[], ['CERN', 'Data Division',
        'Hoffmann'], _931, resolved], '3000')
```

ersehen (vergl. Spez. 4.5, Spez. 4.20), wie der Agent (myagent) auf dem Server (server_cern) über RPC die Operation

server_register(server_cern, [], ['CERN', 'Data Division', 'Hoffmann'], Computation_Status, Resolve_Status)

auslöst. Bei der Ausführung dieser Operation fügt der Server über RPC das Birthmark-Attribut

user_tuple(['CERN', 'Data Division', 'Hoffmann'], 'Birthmark', 'server_cern: 28th March 90 7.23pm')

in die lokale Datenbank des Servers server_unizh (Netzadresse: 1000) ein. (Das Einfügen des Attributs auf dem aktuellen Server server_cern ist aus dem obigen Ausschnitt des Traces nicht ersichtlich.)

Als letztes Beispiel sei der gesamte Baum der Operationsaufrufe, welcher in Fig. 6.2 dargestellt ist, zur Analyse des Ablaufs der Operation (1) herangezogen. (Die lokalen Datenbankabfragen für die Namensauflösung fehlen in Fig. 6.2 aus Gründen der Übersichtlichkeit.)

Fig. 6.2 lässt sich wie folgt interpretieren: Der Aufruf der Lookup-Operation auf dem Agent (myagent) wird via RPC (rem_proc_call) auf den analogen Aufruf auf dem Server server_cern abgebildet. Die Auflösung des Objektnamens (['CERN', 'Data Division', 'Wiegandt']) ist lokal möglich. Dazu wird der Name in verschiedenen Kontexten ([], [cern], [cern, dd]) aufgelöst. Nach Abschluss der Namensauflösung wird eine Abfrage (repl_query) auf dem verteilten Datenbestand des Directory-Systems ausgelöst. Diese wird abgebildet auf eine Abfrageoperation auf den lokalen Daten des aktuellen Servers, welche das Resultat der Directory-Operation (1) liefert.

Wie bereits erwähnt, ist der Prolog-Tracer für die *Darstellung* der Resultate einer Simulation kaum geeignet. Um die Interpretation der Resultate zu erleichtern, müsste entweder ein Werkzeug vorhanden sein, welches die Ausgabe des Tracers verarbeitet, oder die Simulation müsste von einem spezialisierten Metainterpreter durchgeführt werden, welcher die Ergebnisse nach Wunsch filtert und darstellt. Anstelle des Prolog-Tracers würde dann dieser Metainterpreter aufgerufen.

Für PC oder Workstations sind heutzutage komfortable Prolog-Umgebungen verfügbar, welche die Simulation von Systemen der Komplexität, wie sie das Beispielsystem dieses Kapitels aufweist, erlauben. Der Bestand der Daten kann sogar 1-2 Grössenordnungen umfangreicher sein als in diesem System ([Grosjean 88], [Burkhardt 89]). Simulationen mit der spezifizierten Architektur wurden auf einem Macintosh II mit 2 MB RAM unter LPA MacProlog [LPA 90] durchgeführt.

7 Die Architektur von X.500

Wer sich heutzutage mit Directory-Systemen befasst, kommt zwangsläufig mit X.500, dem Ende 1988 von ISO und CCITT verabschiedeten Standard für solche Systeme, in Berührung [X.500]. In diesem Standard ist die Beschreibung einer Architektur für Directory-Systeme, der sogenannten *X.500-Architektur,* enthalten. Gegenstand dieses Kapitels ist die Spezifikation eines Ausschnitts dieser Architektur.

Die X.500-Architektur ist wesentlich detaillierter als die Architektur nach Terry, welche in Kapitel 4 dieser Arbeit beschrieben ist. Beispielsweise ist der Objektraum der X.500-Architektur komplexer strukturiert, und die Directory-Operationen weisen, verglichen mit denjenigen in Kapitel 4, ein Mehrfaches an Parametern auf. Zudem wird im Standard eine umfangreiche Begriffswelt (um nicht zu sagen: ein Begriffsapparat) eingeführt, während in Kapitel 4 nur die für das Verständnis notwendigen Begriffe definiert werden. Der wichtigste Grund für die aufgezählten Unterschiede liegt darin, dass X.500 ein universeller und breit abgestützter Standard für Directory-Systeme sein soll, der viele optionale Einzelheiten enthält, während die Beschreibung der Architektur nach Terry eine theoretische Arbeit darstellt, bei der die Darstellung von neuen Konzepten im Vordergrund steht.

Wir wollen in diesem Kapitel zeigen, dass es möglich ist, eine vergleichsweise komplexe Architektur, wie sie die X.500-Empfehlungen enthalten, analog zur Architektur von Kapitel 4 mit der Prolog-basierten Spezifikationssprache darzustellen. Dabei stellt sich heraus, dass die Abbildung der Architektur in die Spezifikationssprache, wie sie in Kapitel 5 dargestellt ist, an einigen Stellen angepasst werden muss. Dies ist beispielsweise bei der Darstellung der Operationsparameter notwendig, da sonst die Lesbarkeit der Spezifikation leidet.

Die vollständige Spezifikation der X.500-Architektur würde schon wegen ihres Umfangs den Rahmen dieser Arbeit sprengen. In diesem Kapitel wird daher nur ein Ausschnitt aus der X.500-Architektur spezifiziert. Wir haben uns zum Ziel gesetzt, die *Namensauflösung* und die dazu notwendigen Modelle der Objektnamen und der Metadaten dieser Architektur darzustellen. Dieser Ausschnitt wurde deshalb ausgewählt, weil der Mechanismus der Namensauflösung charakteristisch ist für die Architektur eines Directory-Systems, da die Namensauflösung von der Art der Verteilung der Daten und der Modellierung der Metadaten mitbestimmt wird. Zudem basieren die meisten Directory-Operationen auf diesem Mechanismus, denn bei deren Abarbeitung wird stets ein Objektname aufgelöst.

Im Gegensatz zur Zielrichtung von Kapitel 4, welches ein Tutorium der Architektur enthält, bietet dieses Kapitel keine Einführung in die X.500-Architektur. Erklärungen sind, einer Spezifikation entsprechend, knapp gehalten. Basiskenntnisse über X.500, wie sie beispielsweise in [Plattner et al. 89] vermittelt werden, erleichtern das Studium dieses Kapitels.

Ist von "X.500", "dem Standard" oder "den Empfehlungen" die Rede, so ist der von ISO und CCITT entwickelte X.500(88)-Standard für Directory-Systeme gemeint, wie er in [X.500] festgelegt ist. In den nachfolgenden Abschnitten enthalten Ausdrücke in Klammern "(...)" in der Regel Begriffe aus diesem Standard.

7.1 Das Informationsmodell

Gemäss dem Informationsmodell von X.500 besitzt jedes Objekt einen *ausgezeichneten Namen* (Distinguished Name). Dieser setzt sich aus einer Folge von Namenskomponenten RDN_i (eine Erklärung für diese Abkürzung folgt später) zusammen:

    $[RDN_1, ..., RDN_m]$ $m \geq 0$

Eine Namenskomponente ist entweder ein Attribut, das durch ein Typ-Wert-Paar modelliert und durch einen Prolog-Term der Form

    attr(Type, Value)

dargestellt wird, oder eine Menge von Attributen, was durch die Notation

    $[attr(Type_1, Value_1), ..., attr(Type_n, Value_n)]$ $n > 1$

ausgedrückt wird.

    $[RDN_1, ..., RDN_m]$ $m \geq 0$

    RDN_i:

        attr(Type, Value)
        $[attr(Type_1, Value_1), ..., attr(Type_n, Value_n)]$ $n > 1$

Spez 7.1: Das Modell der X.500-Namen

Der *Eintrag* eines Objektes (Object Entry) in der Datenbasis setzt sich zusammen aus einer systeminternen Identifikation EntryID und einem Datenteil Data:

    object_entry(EntryID, Data)

Die Objekte eines X.500-Systems bilden einen Baum, den sogenannten *Directory Information Tree (DIT)*. Jedem Knoten des DIT mit Ausnahme der Wurzel ist eine Namenskomponente zugeordnet, welche als *ausgezeichnete Namenskomponente (Relative Distinguished Name, RDN)* für den Knoten bezeichnet wird. Der Name eines Objektes entspricht der Folge der Namenskomponenten auf dem Pfad von der Wurzel des DIT zu diesem Objekt. Die Wurzel des DIT ist ein fiktives Objekt und trägt den leeren Namen [].

Ein Objekt kann neben seinem ausgezeichneten Namen einen oder mehrere *Aliasnamen* (Alias Name) besitzen. Dieses Konzept ist in der X.500-Architektur realisiert, indem für jeden Aliasnamen eines Objektes ein sogenannter *Aliaseintrag* (Alias Entry) im System existiert, dessen Datenteil den ausgezeichneten Namen dieses Objektes enthält. Wir stellen einen Aliaseintrag durch ein Prädikat der folgenden Form dar:

    alias_entry(EntryID, Distinguished_Name)

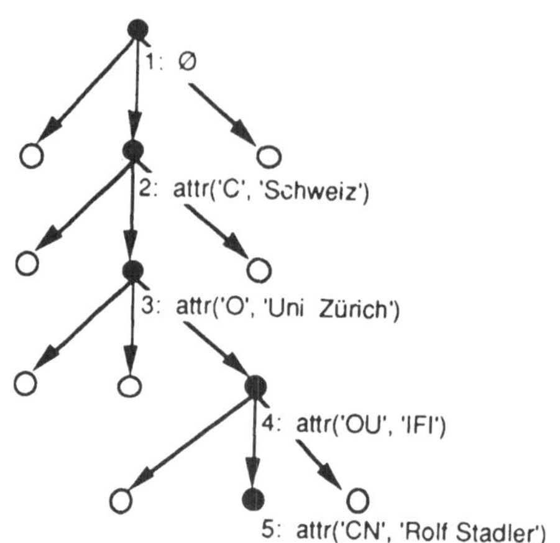

ausgezeichnete Namen

1: []
2: [attr('C', 'Schweiz')]
3: [attr('C', 'Schweiz'), attr('O', 'Uni Zürich')]
4: [attr('C', 'Schweiz'), attr('O', 'Uni Zürich'), attr('OU', 'IFI')]
5: [attr('C', 'Schweiz'), attr('O', 'Uni Zürich'), attr('OU', 'IFI'), attr('CN', 'Rolf Stadler')]

Fig. 7.1: Ein Pfad auf einem DIT mit den ausgezeichneten Namenskomponenten und den ausgezeichneten Namen seiner Knoten

Bei einem Eintrag in der Datenbasis wird also zwischen Objekteintrag und Aliaseintrag unterschieden, was in Spez. 7.2 dargestellt ist.

```
object_entry(EntryID, Data)
alias_entry(EntryID, Distinguished_Name)
```

Spez. 7.2: Objekteintrag und Aliaseintrag

Im Standard ist vorgesehen, dass jedes Objekt zu einer bestimmten Objektklasse (Object Class) gehört. Für jede Objektklasse ist ein Satz von Attributen definiert, welche den Datenteil eines Objektes dieser Klasse bestimmen. Zudem sind Beziehungen zwischen Objektklassen festgelegt, die eine Strukturierung des DIT (DIT Structure) bewirken. An dieser Stelle sei auf die formale Darstellung des sogenannten Directory-Schemas (Directory Schema) verzichtet, das die Struktur des Objektraumes beschreibt.

7.2 Die Gliederung eines X.500-Systems

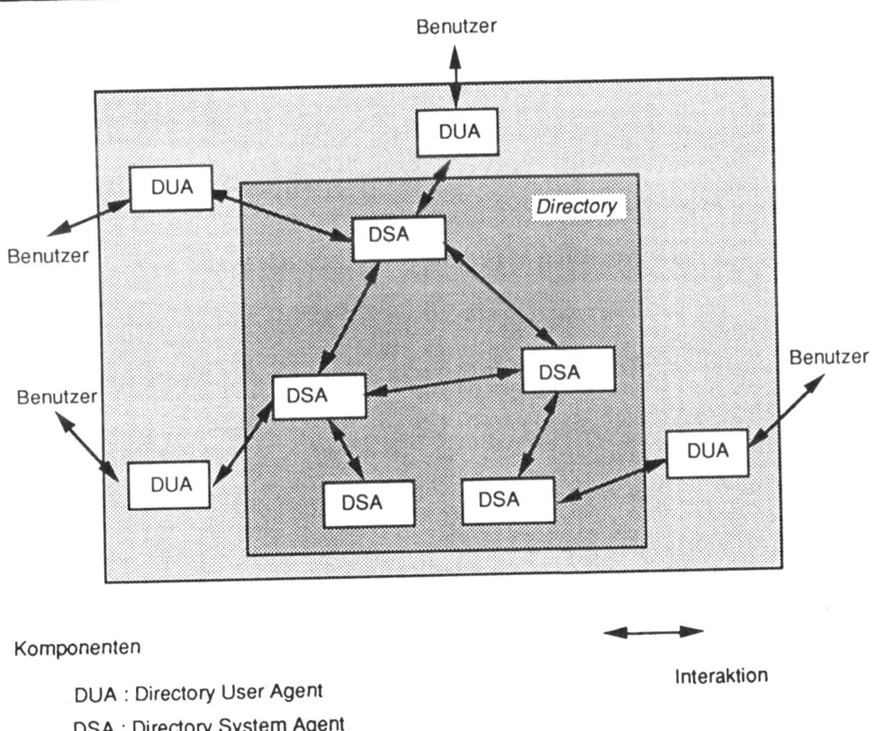

Fig 7.2 : Das funktionale Modell eines X.500-Systems

Die X.500-Architektur kennt, wie die meisten anderen Architekturen von Directory-Systemen, zwei Typen von Komponenten: Die Client-Komponente wird hier *DUA* (*Directory User Agent*), die Server-Komponente *DSA* (*Directory System Agent*) genannt. Ein DUA bildet die Schnittstelle zwischen dem Benutzer eines X.500-Systems und dem sogenannten Directory, jenem Teilsystem, welches die Datenbasis verwaltet. Der Zugriff eines DUA auf die Datenbasis erfolgt mit Hilfe eines DSA. Jeder DSA verwaltet einen Teil der Directory-Daten und kann mit anderen DSA kommunizieren, um Directory-Operationen auszuführen.

Das Kommunikationssystem, welches die Komponenten untereinander verbindet, ist ein OSI-konformes System. Deshalb sind Aspekte der Kommunikation in den Standards unter Verwendung der Begriffswelt der Applikationsschicht des OSI-Referenzmodells festgelegt. In diesem Sinne sind die Dienste, welche die Systemkomponenten anbieten, im Standard als sogenannte Application Service Elements (ASE) dargestellt und zugehörige Protokolle definiert.

7.3 Die Verteilung der Daten

Die Datenbasis eines X.500-Systems ist in sogenannte *Kontexte* aufgeteilt. Jeder Kontext (Naming Context) entspricht einem zusammenhängenden Teilgraphen des DIT. Die Kontexte überdecken den DIT vollständig, ohne sich gegenseitig zu überlappen.

Jeder Kontext weist seinerseits eine Baumstruktur auf, da er aus einem zusammenhängenden Teil des DIT besteht. Er wird identifiziert durch den ausgezeichneten Namen seines Wurzeleintrags. Diesen Namen nennt man auch Kontext-Präfix (context prefix).

Ein DSA alloziert einen oder mehrere Kontexte und verwaltet die zugehörigen Einträge.

Bei der Auflösung eines Namens auf einem DSA genügt die Information der lokal gespeicherten Kontexte i.a. nicht, da diese nur einen Teil des (verteilten) DIT abdecken. Der Mechanismus der Namensauflösung beruht auf der Traversierung des DIT. Um diese Traversierung zu ermöglichen, werden auf den DSA sogenannte Referenzen (references) gespeichert, welche, salopp formuliert, "die (lokalen) Kontexte zum (globalen) DIT zusammenfügen".

In der X.500-Architektur werden verschiedene Typen von Referenzen unterschieden. Mit Ausnahme der internen Referenz (internal reference), die einen Zeiger auf einen lokal gespeicherten Eintrag darstellt, enthalten alle anderen Typen von Referenzen einen Zeiger auf einen anderen DSA und damit auf Kontexte, welche nicht von diesem DSA alloziert sind.

Eine *spezifische* resp. *nichtspezifische Unterreferenz* (Specific, Nonspecific Subordinate Reference) kann als Zeiger von einem Blattknoten eines Kontextes des aktuellen DSA auf den Wurzelknoten eines Kontextes eines fremden DSA verstanden werden. Eine *Über-referenz* (Superior Reference) weist auf einen Kontext, dessen Einträge näher bei der Wurzel des DIT liegen als die vom aktuellen DSA allozierten Kontexte. Eine *Quer-referenz* (Cross Reference) weist auf einen Kontext, dessen Einträge auf dem DIT weder über noch unter denjenigen der lokal verwalteten Kontexte liegen.

7.4 Die Modellierung der Metadaten

Die Information über Kontexte und Referenzen wird in der X.500-Terminologie "Knowledge Information" genannt. Sie definiert die Verteilung der Datenbasis und gehört deshalb zu den *Metadaten* eines X.500-Systems. Dieser Abschnitt, der die Modellierung und Darstellung der Metadaten zum Ziele hat, beschränkt sich daher auf die Formalisierung der im letzten Abschnitt eingeführten Begriffe und Zusammenhänge.

Um die Auflösung jedes gültigen Objektnamens zu ermöglichen bzw. zu erleichtern, speichert jeder DSA eine Überreferenz

```
sup_ref(DSA, Remote_DSA)
```

und beliebig viele Querreferenzen

```
cross_ref(DSA, Context_Prefix, Remote_DSA)
```

Jede solche Referenz verweist auf einen anderen DSA (Remote_DSA) des Systems.

```
DSA:
        sup_ref(DSA, Remote_DSA)
        cross_ref(DSA, Context_Prefix, Remote_DSA)
        context(DSA, Context_Prefix)

Kontext:
        edge(Context_Prefix, Superior_Node, Subordinate_Node)

Kontextknoten:
        int_ref(RDN, EntryID)
        sub_ref(RDN, Remote_DSA)
        non_specific_sub_ref(Remote_DSA)
```

Spez. 7.3: Die Metadaten eines DSA

Ein DSA hat einen oder mehrere Kontexte mit Prefix Context_Prefix alloziert:

```
context(DSA, Context_Prefix)
```

Für jeden allozierten Kontext verwaltet er die zugehörigen Einträge und Referenzen in der lokalen Datenbank.

Ein Kontext kann als gerichteter Graph mit Baumstruktur aufgefasst werden. Demzufolge lässt er sich durch eine Relation definieren, deren Elemente die Kanten (Äste) des Baumes darstellen:

```
edge(Context_Prefix, Superior_Node, Subordinate_Node)
```

Ein Kontext besitzt genau einen ausgezeichneten Wurzelknoten

```
root(Context_Prefix, Root_Node)
```

und mindestens einen Blattknoten:

```
leaf(Context_Prefix, Leaf_Node)
```

Die Knoten eines Kontextes bestehen aus internen Referenzen:

```
int_ref(RDN, EntryID)
```

Diese setzen sich aus der ausgezeichneten Namenskomponente des Knotens und der Identifikation des entsprechenden Eintrags zusammen. Falls ein Blatt eines Kontexts nicht gleichzeitig einem Blatt des DIT entspricht, enthält es eine Referenz zu einem anderen DSA. In diesem Fall unterscheidet man zwischen spezifischen Unterreferenzen

```
sub_ref(RDN, Remote_DSA)
```

und nichtspezifischen Unterreferenzen

```
non_specific_sub_ref(Remote_DSA)
```

je nachdem, ob die ausgezeichnete Namenskomponente (RDN) des Sohneintrags bekannt ist oder nicht.

Aus Spez. 7.4 ist die Beziehung zwischen Wurzel- bzw. Blattknoten und den Ästen eines Kontextes ersichtlich. Sie drückt die Tatsache aus, dass der Wurzelknoten keinen Vater und ein Blattknoten keinen Sohn besitzt. Allerdings wird vorausgesetzt, dass die Elemente der Relation edge tatsächlich einen Baum definieren (und nicht einen anderen gerichteten Graphen), und dass der Baum mindestens zwei Knoten besitzt (was gemäss dem Standard der Fall ist).

```
edge(Context_Prefix, Superior_Node, Subodinate_Node)

root(Context_Prefix, Root_Node):-
        edge(Context_Prefix, Root_Node, Node_A),
        not edge(Context_Prefix, Node_B, Root_Node).

leaf(Context_Prefix, Leaf_Node):-
        edge(Context_Prefix, Node_A, Leaf_Node),
        not edge(Context_Prefix, Leaf_Node, Node_B).
```

Spez. 7.4: Darstellung eines Kontextes mit der Relation edge

7.5 Die Directory-Operationen

Die Operationen, welche ein Benutzer eines Directory-Systems ausführen kann, heissen *Directory-Operationen*. Fig. 7.3 zeigt die wichtigsten Directory-Operationen der X.500-Architektur. Alle basieren auf dem Mechanismus der Namensauflösung. Bei der Abarbeitung einer Operation von Fig. 7.3 wird der darin mit "Name" bezeichnete Objektname aufgelöst.

read (↓Name, ↑Data)
> Zu einem bestimmten Objektnamen werden Objektdaten zurückgegeben.

list(↓Name, ↑Subordinates)
> Zu einem bestimmten Objektnamen werden die Objektnamen der Unterknoten am DIT gelistet.

search(↓Name, ↓Filter, ↑Entries)
> Es werden Informationen zu Einträgen geliefert, die in einem bestimmten Teilbaum des DIT liegen und einer Filterbedingung genügen.

add_entry(↓Name, ↓Entry)
> An einen Knoten des DIT wird ein weiterer Eintrag angehängt.

remove_entry(↓Name)
> Ein Blattknoten des DIT zu einem bestimmten Namen wird gelöscht.

modify_entry(↓Name, ↓Modification)
> Ein Eintrag zu einem bestimmten Namen wird modifiziert.

Fig. 7.3: Die wichtigsten Directory-Operationen. Die Parameterlisten sind stark vereinfacht.

Wie sind die Directory-Operationen im Standard definiert? Die Schnittstellen dieser Operationen sind in der Datenbeschreibungssprache ASN.1 [X.208] ausgedrückt.

Deren Semantik basiert vor allem auf einem Modell, welches das funktionale Verhalten eines DSA festlegt. In Fig. 7.4 ist dieses im Standard beschriebene Funktionsmodell dargestellt. Daraus ist ersichtlich, dass ein DSA als eine Hierarchie von Operationen modelliert wird, deren Wurzeloperation der sogenannte "Operation Dispatcher" darstellt. Dieser steuert die Abarbeitung einer (verteilten) Directory-Operation auf dem DSA und kommuniziert mit anderen Komponenten des Directory-Systems.

Jede Operation des DSA-Modells ist in den Empfehlungen durch ein Ablaufdiagramm und ergänzende Erklärungen in natürlicher Sprache beschrieben.

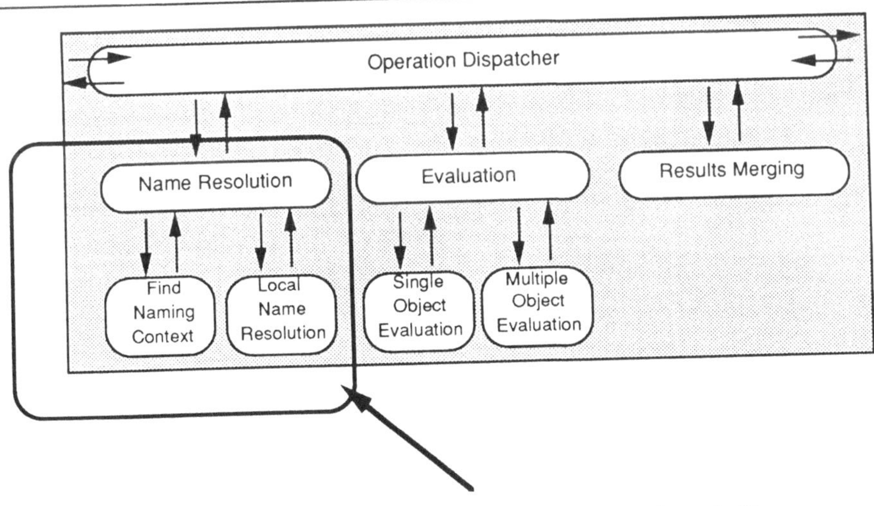

Fig. 7.4: Modell eines DSA aus [X.500] und der in dieser Arbeit spezifizierte Ausschnitt

7.6 Die Spezifikation der Operationen

Bei der Darstellung der Directory-Operationen mit Hilfe der Spezifikationssprache kann man analog zur Spezifikation in Kapitel 4 vorgehen. Dies bedeutet:

(a) Die Funktionalität eines DSA wird als Hierarchie von Operationen modelliert. Dazu bietet sich die in X.500 vorgegebene Modellierung an. Jede dieser Operationen wird als ein Prädikat dargestellt.

(b) Die Dienste des Kommunikationsmediums werden mit Hilfe von Prädikaten festgelegt.

(c) Jede Directory-Operation wird durch ein Prädikat spezifiziert. Dabei werden die Prädikate von (a) und (b) verwendet.

Im folgenden verstehen wir unter dem Begriff "Operation" entweder eine Directory-Operation oder eine der im Funktionsmodell (Fig. 7.4) aufgeführten Operationen eines DSA.

Schnittstelle:

> name_resolution(↓Object, ↓OpProgress, ↓derefAlias(Ind), ↓AliasedRDN, ↑ResultType, ↑Result,
>   ↑NewOpProgress, ↑aliasDerefd(Boolean), ↑NewAliasedRDN, ↑NewObject)

Parameter:

....

Fall 1):

> name_resolution(DSA, Object, OpProgress, derefAlias(Ind), _, found, EntryId, opProgress(completed, _),
>   aliasDerefd('FALSE'), _, Object)

Das Zielobjekt ist gefunden (die Namensauflösung ist abgeschlossen). Die Identifikation dieses Objekts heisst EntryId. Es ist kein Aliaseintrag dereferenziert worden.

Fall 2):

> name_resolution(DSA, Object, OpProgress, derefAlias(yes), AliasedRDN, found, EntryId,
>   opProgress(completed, _), aliasDerefd('TRUE'), NewAliasedRDN, NewObject)

Das Objekt zeigt auf einen lokal vorhandenen Aliaseintrag. Dieser wird dereferenziert und die Namensauflösung startet mit dem Aliasnamen neu. Die neu initiierte Namensauflösung findet das durch den Aliasnamen spezifizierte Objekt auf dem lokalen DSA.

....

```
1) name_resolution(DSA, Object, OpProgress, derefAlias(Ind), _, found, EntryId,
                opProgress(completed, _), aliasDerefd('FALSE'), _, Object) :-
        find_naming_context(DSA, Object, OpProgress, context, ContextId,
                opProgress(proceeding, NextRDN)),
        local_name_resolution(DSA, ContextId, Object, opProgress(_, NextRDN),
                derefAlias(Ind), _, found, EntryId, opProgress(completed, _),
                aliasDerefd('FALSE'), _).


2) name_resolution(DSA, Object, OpProgress, derefAlias(yes), AliasedRDN, found, EntryId,
                opProgress(completed, _), aliasDerefd('TRUE'), NewAliasedRDN, NewObject) :-
        find_naming_context(DSA, Object, OpProgress, context, ContextId,
                opProgress(proceeding, NextRDN)),
        local_name_resolution(DSA, ContextId, Object, opProgress(_, NextRDN),
                derefAlias(yes), AliasedRDN, alias, Aliasname,
                opProgress(notStarted, _), aliasDerefd('TRUE'), TempAliasedRDN),
        name_resolution(DSA, Aliasname, opProgress(notStarted, _),
                derefAlias(yes), TempAliasedRDN, found, EntryId,
                opProgress(completed, _), _, NewAliasedRDN, NewObject).
```

....

Fig. 7.5: Ausschnitt aus der Spezifikation der Operation "Name Resolution" von [Burkhardt 89]

Im Rahmen einer Diplomarbeit, die in unserer Gruppe ausgeführt wurde, entstand eine Spezifikation der X.500-Architektur, bei welcher der oben beschriebene Ansatz zur Spezifikation der Directory-Operationen verfolgt wurde [Burkhardt 89].

Ein Ergebnis der zitierten Arbeit ist, dass die in Kapitel 4 verwendete Spezifikationsmethode nicht vollständig auf die Darstellung der X.500-Architektur angewendet werden kann. Dies hat folgenden Grund: Die Operationen der X.500-Architektur enthalten wesentlich mehr Parameter als die Operationen der in Kapitel 4 spezifizierten Architektur. Für eine typische Directory-Operation, wie z.B. die Read-Operation, sind in den Empfehlungen ca. 20, vielfach optionale Parameter definiert, welche sich aus operationsspezifischen Parametern und allgemeinen Dienstparametern für die Abarbeitung einer verteilten Operation zusammensetzen.

Wie lassen sich diese Parameter in Prolog darstellen? Nach der in Kapitel 4 verwendeten Methode wird jedem Parameter eine *Position* in der Argumentliste des Prädikats, das die Operation beschreibt, zugewiesen. Diese Methode wird in [Burkhardt 89] angewendet. Infolge der langen Parameterlisten ist aber der Prolog-Code der Spezifikation einer Operation schlecht lesbar, wie im unteren Teil von Fig. 7.5 zu sehen ist. Da für uns die gute Lesbarkeit einer Spezifikation eine zentrale Anforderung an eine Spezifikationsmethode ist, sind wir mit dieser Lösung nicht zufrieden.

Ein anderer Ansatz, der zu übersichtlicheren Spezifikationen führt, geht dahin, dass die Parameter als Terme in Prolog dargestellt und durch deren Funktornamen identifiziert werden. Die Parameter werden von einem *abstrakten Datentyp* (*ADT*) verwaltet. Instanzen dieses ADT bilden nun die Argumente jener Prädikate, welche die Operationen spezifizieren.

Im restlichen Teil dieses Abschnitts wird der oben skizzierte Ansatz für die Darstellung von Parametern für unseren Anwendungsbereich ausgearbeitet.

---

*) deref_alias(X)	X={permitted, not_permitted}
*) name_res_phase(Phase)	Phase={not_started, proceeding, completed}
*) alias_dereferenced(X)	X={yes, no}
*)	......
dsa(DSA)	DSA=String
name_to_resolve(Name)	Name=X.500-Name
entry(Entry_Id)	Entry_Id=Integer
context(Context)	Context=X.500-Name
reference(Type, DSA)	Type={sup_ref, sub_ref, non_spec_sub_ref, cross_ref}
	DSA=String
transfer(Remote_DSA)	Remote_DSA=String

Spez. 7.5: Parameter und deren Wertebereiche zur Spezifikation der X.500-Operationen

In Spez. 7.5 sind die Parameter, soweit sie für die Darstellung des in dieser Arbeit spezifizierten Ausschnitts der X.500-Architektur benötigt werden, aufgeführt. Die mit *) markierten Parameter finden sich auch in den X.500-Kommunikationsprotokollen.

A contains Sel	Sel ist eine Auswahl von Parametern in A.
A with Sel is B	B enthält die Parameter von A und Sel. Falls Sel und A einen Parameter mit demselben Funktornamen besitzen, enthält B den Parameter von Sel.
A without Sel is B	B enthält die Parameter von A, mit Ausnahme derjenigen von Sel.

Fig. 7.6: Der ADT "Parameter" zur Verwaltung der Parameter der Operationen. A und B stellen Instanzen des ADT dar. Sel steht für eine Auswahl an Parametern.

Die Parameter der Operationen werden vom ADT "Parameter" verwaltet. Drei Parameteroperationen (contains, with und without), implementiert als Prolog-Prädikate, ermöglichen den Zugriff auf die Parameter. Die Definition dieser Parameteroperationen ist aus Fig. 7.6 ersichtlich. Darin bedeuten A und B Instanzen des ADT "Parameter", und Sel steht für einen einzelnen Parameter, z.B. entry(Entry_Id), oder eine Liste von Parametern, beispielsweise [entry(Entry_Id), transfer(Remote_DSA), dsa(DSA)]. Um die Lesbarkeit der nachfolgenden Spezifikationen zu verbessern, wird zur Darstellung der Parameteroperationen eine Schreibweise mit Prolog-Operatoren [Sterling, Shapiro 86] verwendet. Die Festlegung dieser Operatoren in Prolog lautet:

```
:- op(800, xfy, [contains, with, without]).

:- op(700, xfx, is).
```

Es ist am einfachsten, die Instanzen des ADT "Parameter" als Listen zu implementieren. Dann sind contains, with und without Listenoperationen. Jedenfalls bleibt dem Leser einer Spezifikation die Implementation des ADT verborgen.

Bei der Spezifikation einer Operation werden zwei spezielle Instanzen des ADT "Parameter" verwendet: *In* für die Repräsentation der Eingabeparameter und *Out* für die Darstellung der Ausgabeparameter dieser Operation. Aus Fig. 7.7 ist das Schema der Spezifikation einer Operation Op, die von Operationen Op_i abhängig ist, ersichtlich. Das Prädikat Op definiert die Beziehung zwischen In und Out. Legt man die prozedurale Interpretation eines Prolog-Programms, welche aus der Abarbeitungsstrategie des Prolog-Interpreters folgt, zugrunde, so "erzeugt" die Operation Op_i eine Instanz A_i des ADT, welche von Op_{i+1} als Eingabe "konsumiert" wird. Im Initialfall "konsumiert" Op_1 die Eingabe In.

Welche Rolle spielen die Parameteroperationen bei der Spezifikation einer Operation? Die Parameteroperation contains wird oft verwendet, um eine Bedingung an die Ausgabeparameter einer Operation zu formulieren, z.B.

```
local_name_resolution(In, Out),

Out contains entry(EntryID)
```

Die Operation with kann verwendet werden, um die Ausgabeparameter einer Operation zu definieren, beispielsweise:

    Intermediate_Result with [name_res_phase(proceeding), transfer(DSA)] is Out

Die Operation without schliesslich erlaubt, unerwünschte Parameter zu eliminieren, wie das folgende Beispiel zeigt:

    Intermediate_Result without entry(EntryID) is Out

Die drei Beispiele sind Spez. 7.6 entnommen.

```
% Op(↓In, ↑Out)
%       ↓In:    ...
%       ↑Out:   ...


Op(In, Out):-

        ....

        Op1(In, A1),

        ....

        Op2(A1, A2),

        ....

        ....

        Opn(An-1, An),

        ....

        An with .... is Out.
```

Fig. 7.7: Schema der Spezifikation einer Operation mit Hilfe des ADT

7.7 Die Namensauflösung der X.500-Architektur

In diesem Abschnitt wird der Mechanismus der Namensauflösung der X.500-Architektur spezifiziert. In den Empfehlungen ist dieser Mechanismus mit Hilfe der Operation "Name Resolution" im Funktionsmodell eines DSA (Fig. 7.4) modelliert. Die Operation "Name Resolution" stützt sich auf die beiden Operationen "Find Naming Context" und "Local Name Resolution" ab. Jede dieser drei Operationen wird in einem separaten Unterabschnitt dargestellt.

Eine (verteilte) Directory-Operation setzt sich aus mehreren Teiloperationen zusammen, deren erste meist die Auflösung eines *Namenskandidaten (Purported Name)* ist. Ein Namenskandidat hat die Struktur eines X.500-Namens und wird durch die Namensauflösung validiert. Das heisst, es wird ermittelt, ob er ein Objekt bezeichnet und daher ein *Name* für dieses Objekt ist.

Um die Spezifikation der Namensauflösung zu einer Spezifikation der Directory-Operationen zu erweitern, benötigt man, analog zu Kapitel 4, die Spezifikation der übrigen Operationen des Funktionsmodells, der Dienste des Kommunikationssystems und der Operationsaufrufe auf einem DUA.

Da der Operation Dispatcher die Ausführung einer verteilten Operation auf einem DSA überwacht, wird zunächst, zum besseren Verständnis der nachfolgenden Spezifikationen, dessen Funktion in natürlicher Sprache beschrieben (vergleiche auch mit Fig. 7.4).

Der Operation Dispatcher bietet Dienste zur Ausführung von Directory-Operationen an, die von DUA oder anderen DSA aufgerufen werden. Wird ein solcher Dienst von einer Systemkomponente initiiert, führt der Operation Dispatcher die Authentifikationsprüfung für den Dienstaufruf durch und validiert die gewünschte Directory-Operation bezüglich Ausführbarkeit. Anschliessend führt er die Namensauflösung ("Name Resolution") mit dem Namenskandidaten, einem Parameter der Directory-Operation, durch, soweit dies die lokal gespeicherten Kontexte und Referenzen ermöglichen. Das Ergebnis der Operation "Name Resolution" ist entweder eine interne Referenz auf einen lokal gespeicherten Eintrag, eine Referenz auf einen anderen DSA oder eine Fehlermeldung. Falls eine Referenz auf einen anderen DSA resultiert, reicht der Operation Dispatcher diese an die aufrufende Systemkomponente oder ruft die Directory-Operation auf dem referenzierten DSA zur weiteren Bearbeitung auf. Falls eine interne Referenz an den Operation Dispatcher zurückgegeben wird, führt dieser die Evaluationsoperation ("Evaluation") aus, welche Operationen auf dem lokalen Datenbestand des DSA und eventuell weitere Operationen auf anderen DSA des Directory-Systems auslöst. Die Ergebnisse all dieser Operationen werden in einer weiteren Operation ("Results Merging") gesammelt und das Ergebnis der ursprünglich aufgerufenen Directory-Operation wird bestimmt. Schliesslich gibt der Operation Dispatcher dieses an die Systemkomponente zurück, welche den Dienstaufruf initiiert hat.

7.7.1 Die Operation "Name Resolution"

Im folgenden sind Ausdrücke in Klammern "(...)" meist Begriffe aus der zugehörigen Spezifikation. Bei Operationsparametern wird nur der Funktorname, z.B. context, angegeben.

Die Operation "Name Resolution" stützt sich bei der Ausführung auf die Operationen "Find Naming Context" und "Local Name Resolution" (Fig. 7.4). Sie benötigt als Eingabeparameter den Namenskandidaten (name_to_resolve) und die Angabe, ob die Dereferenzierung eines allfällig gefundenen Aliaseintrags erlaubt ist oder nicht (deref_alias). Falls der Aufruf von "Find Naming Context" einen lokalen Kontext (context) als Ergebnis liefert, ist der gesuchte Eintrag lokal vorhanden und die Operation "Local Name Resolution" wird ausgelöst mit dem gefundenen Kontext als Eingabeparameter. Falls "Find Naming Context" eine Referenz auf einen anderen DSA zurückgibt, terminiert "Name Resolution".

Bezeichnet der Namenskandidat einen lokal gespeicherten Objekteintrag, gibt "Local Name Resolution" die Identifikation dieses Eintrags (entry) als Resultat zurück. Handelt es sich hingegen um einen lokalen Aliaseintrag und das Dereferenzieren solcher Einträge ist erlaubt, wird "Name Resolution" mit dem ausgezeichneten Namen dieses Eintrags neu gestartet.

```
% name_resolution(↓In, ↑Out)
%        ↓In:    dsa, name_to_resolve, deref_alias
%        ↑Out:   name_res_phase, transfer                          (1), (2)
%                name_res_phase, entry                             (3), (4)
%                name_res_phase, alias_dereferenced, ....          (5)

(1) name_resolution(In, Out):-
            find_naming_context(In, A1),
            A1 contains reference(_, Remote_DSA),
            A1 with [name_res_phase(proceeding), transfer(Remote_DSA)] is Out.


(2) name_resolution(In, Out):-
            find_naming_context(In, A1),
            A1 contains context(Context),
            local_name_resolution(A1, A2),
            A2 contains reference(_, Remote_DSA),
            A2 with [name_res_phase(proceeding), transfer(Remote_DSA)] is Out.


(3) name_resolution(In, Out):-
            find_naming_context(In, A1),
            A1 contains context(Context),
            local_name_resolution(A1, A2),
            A2 contains entry(EntryID),
            object_entry(EntryID, Data),
            A2 with name_res_phase(completed) is Out.


(4) name_resolution(In, Out):-
            find_naming_context(In, A1),
            A1 contains context(Context),
            local_name_resolution(A1, A2),
            A2 contains entry(EntryId),
            alias_entry(EntryId, Distinguished_Name),
            In contains deref_alias(not_permitted),
            A2 with name_res_phase(completed) is Out.


(5) name_resolution(In, Out):-
            find_naming_context(In, A1),
            A1 contains context(Context),
            local_name_resolution(A1, A2),
            A2 contains entry(EntryID),
            alias_entry(EntryID, Distinguished_Name),
            In contains deref_alias(permitted),
            A2 with [name_res_phase(not_started), alias_dereferenced(true),
                name_to_resolve(Distinguished_Name)] is A3,
            A3 without [entry(EntryID), context(Context)] is A4,
            name_resolution(A4, Out).
```

Spez. 7.6: Die Operation "Name Resolution": Die Realisierung der verteilten Namensauflösung in der X.500-Architektur

Aus der Beschreibung im Standard haben wir fünf mögliche Fälle für die Operation "Name Resolution" identifiziert und in Spez. 7.6 festgehalten. In Fall (1) und (2) wird eine Referenz auf einen anderen DSA als Ergebnis zurückgegeben, in (3) wird ein Objekteintrag gefunden, und (4) und (5) decken die Möglichkeit ab, dass es sich beim gefundenen Eintrag um einen Aliaseintrag handelt. Genauer betrachtet heisst dies:

(1) Der Namenskandidat (name_to_resolve) kann nicht lokal aufgelöst werden. Das Ergebnis der Operation ist eine Querreferenz oder eine Überreferenz zu einem DSA (Remote_DSA), auf dem die Auflösung dieses Namens fortgesetzt werden kann.

(2) Der Namenskandidat kann nicht lokal aufgelöst werden. Eine Unterreferenz auf einen DSA (Remote_DSA), auf dem die Auflösung dieses Namens fortgesetzt werden kann, wird zurückgegeben.

(3) Der Namenskandidat bezeichnet einen lokal gespeicherten Objekteintrag (object_entry(EntryID, Data)). Die Namensauflösung terminiert.

(4) Der Namenskandidat bezeichnet einen lokal gespeicherten Aliaseintrag (alias_entry(EntryID, Distinguished Name)). Da die Dereferenzierung dieses Eintrags nicht erlaubt ist (deref_alias(not_permitted)), wird die Namensauflösung beendet.

(5) Wie bei (4) bezeichnet der Namenskandidat einen lokal gespeicherten Aliaseintrag. Hingegen ist dessen Dereferenzierung erlaubt (deref_alias(permitted)). "Name Resolution" wird erneut aufgerufen mit dem ausgezeichneten Namen des Objektes (Distinguished_Name).

7.7.2 Die Operation "Find Naming Context"

Die Operation "Find Naming Context" ermittelt entweder einen Kontext, in dem sich ein Objekt, das durch den Namenskandidaten identifiziert wird, befindet, oder gibt eine Referenz auf einen DSA zurück, auf dem die Suche nach einem solchen Kontext fortgesetzt werden kann. Eine notwendige Voraussetzung für die Zugehörigkeit eines Eintrags zu einem Kontext besteht darin, dass das Kontext-Präfix eine Teilfolge der Namenskomponenten des Objektnamens darstellt.

In Spez. 7.7 werden drei Fälle für die Operation"Find Naming Context" unterschieden:

(1) Zum Namenskandidaten Name wird ein lokaler Kontext gefunden. Das Präfix eines solchen Kontextes muss eine Teilfolge der RDN des Namenskandidaten darstellen, was durch die konjunktive Bedingung

        (*) context(DSA, Prefix), part(Prefix, Name)

ausgedrückt wird.[8]

---

[8] part(Xs, Ys) gilt, wenn die Folge Xs aus den ersten N Elementen der Folge Ys besteht, $N \geq 0$. Die Darstellung von part/2 in Prolog ist trivial:

    part([], Ys).

    part([X|Xs], [X|Ys]):- part(Xs, Ys).

Es ist denkbar, dass mehrere Kontexte, die der Bedingung (*) genügen, auf einem DSA alloziert sind. Das Objekt, das allenfalls durch den Namenskandidaten bezeichnet wird, kann aber höchstens in einem dieser Kontexte vorkommen, nämlich im Kontext mit dem längsten Präfix (also jenem mit der grössten Anzahl RDN). Unter allen Kontexten, welche die Bedingung (*) erfüllen, weist derjenige das längste Präfix auf, welcher der Bedingung

```
(**)    cross_ref(DSA, Prefix, Remote_DSA), part(Prefix, Name),

        not (cross_ref(DSA, Other_Prefix, _), Other_Prefix \= Prefix,

        part(Other_Prefix, Name), part(Prefix, Other_Prefix)),
```

genügt.

(2) Zum Namenskandidaten wird eine Querreferenz, die auf den DSA Remote_DSA verweist, gefunden. Wie in (1) besteht die Möglichkeit, dass mehrere Querreferenzen in Frage kommen. Analog zu (1) wird die Querreferenz mit dem längsten Präfix unter den möglichen Kandidaten ausgewählt.

(3) Ist weder ein passender lokaler Kontext, noch eine passende Querreferenz auf dem DSA vorhanden, so wird die Überreferenz zum DSA Superior_DSA zurückgegeben.

```
% find_naming_context(↓In, ↑Out)
%       ↓In:    dsa, name_to_resolve
%       ↑Out:   context          (1)
%               reference        (2), (3)


(1) find_naming_context(In, Out):-
        In contains [name_to_resolve(Name), dsa(DSA)],
        context(DSA, Prefix), part(Prefix, Name),
        not (context(DSA, Other_Prefix), Other_Prefix \= Prefix,
            part(Other_Prefix,Name), part(Prefix, Other_Prefix)),
        In with context(Prefix) is Out.


(2) find_naming_context(In, Out):-
        In contains [name_to_resolve(Name), dsa(DSA)],
        cross_ref(DSA, Prefix, Remote_DSA), part(Prefix, Name),
        not (cross_ref(DSA, Other_Prefix, _), Other_Prefix \= Prefix,
            part(Other_Prefix, Name), part(Prefix, Other_Prefix)),
        In with reference(cross_ref, Remote_DSA) is Out.


(3) find_naming_context(In, Out):-
        In contains [name_to_resolve(Name), dsa(DSA)],
        not (context(DSA, Prefix), part(Prefix, Name)),
        not (cross_ref(DSA, Prefix, Remote_DSA), part(Prefix, Name)),
        sup_ref(DSA, Superior_DSA),
        In with reference(sup_ref, Superior_DSA) is Out.
```

Spez. 7.7: Die Operation "Find Naming Context"

7.7.3 Die Operation "Local Name Resolution"

Bei der Ausführung der Operation "Local Name Resolution" wird der Namenskandidat mit allen Pfadnamen des in "Find Naming Context" ermittelten Kontextes verglichen. Ergibt sich bei diesem Vergleich eine Übereinstimmung (Match), so ist ein Knoten des Kontextes identifiziert. Falls dieser Knoten eine interne Referenz enthält, wird diese als Ergebnis der Operation zurückgegeben. Andernfalls enthält der Knoten eine spezifische oder nichtspezifische Unterreferenz und das Ergebnis besteht aus einem Verweis auf einen anderen DSA.

```
% local_name_resolution(↓In, ↑Out)
%         ↓In:    context, name_to_resolve
%         ↑Out:   entry                                    (1)
%                 reference                                (2)


(1) local_name_resolution(In, Out):-
        In contains [context(Context_Prefix), name_to_resolve(Name)],
        append(Context_Prefix, Rest_Name, Name),
        root(Context_Prefix, int_ref(_, Root_EntryID)),
        match_RDN(Context_Prefix, Root_EntryID, Rest_Name, entry(EntryID)),
        In with entry(EntryID) is Out.


(2) local_name_resolution(In, Out):-
        In contains [context(Context_Prefix), name_to_resolve(Name)],
        append(Context_Prefix, Rest_Name, Name),
        root(Context_Prefix, int_ref(_, Root_EntryID)),
        match_RDN(Context_Prefix, Root_EntryID, Rest_Name, reference(Type, Other_DSA)),
        In with reference(Type, Other_DSA) is Out.


% match_RDN(↓Context_Prefix, ↓Superior_EntryID, ↓Rest_Name, ↑Result)
(a) match_RDN(Context, Sup_EntryID, [RDN | Rest], Result):-
        edge(Context, int_ref(_, Sup_EntryID), int_ref(RDN, EntryID)),
        match_RDN(Context, EntryID, Rest, Result).
(b) match_RDN(Context, EntryID, [], entry(EntryID)).
(c) match_RDN(Context, Sup_EntryID, [RDN | Rest], reference(sub_ref, Remote_DSA)):-
        edge(Context, int_ref(_, Sup_EntryID), sub_ref(RDN, Remote_DSA)).
(d) match_RDN(Context, Sup_EntryID, [RDN | Rest], reference(non_specific_sub_ref,
        Remote_DSA)):-
        edge(Context, int_ref(_, Sup_EntryID), non_specific_sub_ref(Remote_DSA)).
```

Spez. 7.8: Die Operation "Local Name Resolution"[9]

---

[9] Das Prädikat append(Xs, Ys, Zs) gelingt, falls sich die Liste Zs aus den Folgen der Listenelemente von Xs und Ys zusammensetzt, wobei das erste Element von Ys Nachfolger des letzten Elements von Xs ist [Sterling, Shapiro 86].

Es sind also zwei Fälle zu unterscheiden (Spez.7.8):

(1) Der Eintrag für das gesuchte Objekt wird lokal auf dem DSA verwaltet. Eine interne Referenz auf diesen Eintrag wird gefunden (entry(EntryID)).

(2) Der Eintrag ist nicht lokal vorhanden. Eine Referenz auf einen anderen DSA wird ermittelt (reference(Type, Other_DSA)).

Die Hilfsoperation match_RDN in Spez. 7.8 beschreibt die Traversierung eines Kontextes von der Wurzel bis zu einem Knoten, dessen Name mit dem Namenskandidaten übereinstimmt. Die Klausel (a) definiert rekursiv die Traversierungsschritte von den Knoten des Kontextbaumes zu den jeweiligen Sohnknoten. Bei jedem Traversierungsschritt wird eine Namenskomponente (RDN) des Namenskandidaten verifiziert. Die Klauseln (b) - (d) decken die Terminierungsfälle ab, nämlich: das Auffinden einer internen Referenz (b), einer spezifischen Unterreferenz (c) oder einer nichtspezifischen Unterreferenz (d).

7.8 Resultate

7.8.1 Zur Spezifikationsmethode

Bei der Spezifikation des Ausschnitts der X.500-Architektur in diesem Kapitel lässt sich die in Kapitel 5 beschriebene Methode anwenden (Tab 5.1, Tab. 5.2). Ebenfalls lässt sich die dort angegebene Semantik der Spezifikation einer Operation übernehmen. Bei der Darstellung der Parameter einer Operation wird in diesem Kapitel eine andere Lösung gewählt.

An dieser Stelle seien die Vor- und Nachteile der beiden Methoden zur Darstellung von Operationsparametern aufgeführt. Nach der in Kapitel 4 verwendeten und in Kapitel 5 beschriebenen Methode wird jeder Parameter durch seine *Position in der Argumentliste* des Prädikats, das die Operation beschreibt, identifiziert. Dies hat den Vorteil, dass die Parameter im Kopf der Klauseln, die das Prädikat definieren, sichtbar sind. Weist die Operation aber viele Parameter auf, resultieren "lange Prädikate" (Prädikate mit grosser Stelligkeit), und die zugehörige Prolog-Spezifikation wird unübersichtlich (Fig. 7.4). Ein weiterer Nachteil dieser Methode kann bei einer Hierarchie von Operationen, wie sie etwa zur Modellierung eines Name Servers oder DSA verwendet wird, beobachtet werden. Dort tritt der Fall auf, dass ein Parameter innerhalb eines Prädikates keine Bedeutung hat und lediglich an "tiefere" Prädikate weitergegeben wird. Dies trifft beispielsweise für jenen Parameter zu, welcher die Systemkomponente bezeichnet, auf der eine Operation ausgeführt wird und deshalb in der Spezifikation aller Operationen mitgeführt wird.

In diesem Kapitel werden die Parameter der Operationen als Terme dargestellt, die von einem *ADT* verwaltet werden (Fig. 7.6). Instanzen dieses ADT bilden die Argumente der Prädikate, welche die Operationen beschreiben. Diese Darstellungsmethode hat den Vorteil, dass die Parameter an genau jenen Stellen der Spezifikation sichtbar sind, an denen ihr Wert oder ihre Existenz von Interesse ist, da nur dort auf sie zugegriffen wird. Zudem weisen Prädikate, welche Operationen beschreiben, genau zwei Argumente auf. Damit ist die Stelligkeit der Prädikate beschränkt und die Spezifikation bleibt übersichtlich. Auch hat eine allfällige Erweiterung der Spezifikation durch Einführung weiterer Parameter nur lokale Auswirkungen, da sie nur Prädikate betrifft, welche auf diese Parameter zugreifen. Als (geringfügiger) Nachteil dieser Methode sei erwähnt, dass bei der Ausführung der Spezifikation infolge der Abarbeitung der Parameteroperationen mehr Zeit benötigt wird als bei der positionalen Darstellung wie in Kapitel 5.

Wegen ihres Umfangs ist in dieser Arbeit nur ein (wenn auch fundamentaler) Ausschnitt der X.500-Architektur spezifiziert. Prinzipiell lässt sich die ganze Architektur in der Spezifikationssprache darstellen, wie in einer Diplomarbeit gezeigt wurde [Burkhardt 89]. Es besteht aber eine Einschränkung bezüglich der Vollständigkeit der formalen Darstellung, da sich Aspekte eines Systems, bei denen zeitliche Bezüge relevant sind, nicht vollständig darstellen lassen. In der Spezifikationssprache lässt sich nicht ausdrücken, ob gewisse Aktionen sequentiell oder parallel ausgeführt und wie solche Aktionen allenfalls synchronisiert werden. Somit ist es nicht möglich, die X.500-Operation "abandon", welche eine in Abarbeitung befindliche verteilte Leseoperation vorzeitig abbricht, und die X.500-Interaktionsmodi, welche das Kommunikationsverhalten der Systemkomponenten festlegen, formal zu beschreiben. (Diese Aspekte der X.500-Architektur sind im Standard nur informell beschrieben.) Einen Versuch, diese Einschränkung der Spezifikationsmethode zu eliminieren, bildet die Arbeit eines Studenten [Schaad 90], in der die X.500-Interaktionsmodi auf der Basis von Parlog, einer parallelen logischen Sprache, spezifiziert werden.

7.8.2 Unterschiede zu [X.500] in der Modellierung

Da einzelne Teile der X.500-Architektur in den Empfehlungen informell beschrieben sind, lässt sich nicht mechanisch nachweisen, dass unsere Darstellung mit derjenigen im Standard übereinstimmt. Die Nachprüfung "von Hand" und das Austesten der Spezifikation bei der Simulation eines hypothetischen X.500-Systems haben ergeben, dass unsere Spezifikation eine mögliche, ausführbare Darstellung (eines Ausschnitts) der X.500-Architektur ist, mit Ausnahme einiger Unterschiede in der Modellierung, die im folgenden aufgeführt werden.

Unsere Spezifikation der X.500-Architektur ist teilweise *exakter* als diejenige im Standard. Dies trifft auf die Darstellung der Metadaten zu, welche im Standard in natürlicher Sprache beschrieben sind und deren Darstellung Raum für Interpretationen offenlässt. In diesem Zusammenhang haben wir uns beispielsweise entschlossen, die internen und Unterreferenzen als Knoten in der Hierarchie eines Kontextes zu modellieren und als Prolog-Terme darzustellen (Spez. 7.3).

Bei der Spezifikation des Funktionsmodells eines DSA haben wir an einigen Stellen eine leicht andere Modellierung gewählt, um die Spezifikation *einfacher* und *übersichtlicher* zu gestalten. So lässt sich mit unserer Art der Modellierung von Kontexten (Spez. 7.3 und Spez. 7.4) auch der sogenannte Wurzelkontext (Root Context) (das ist derjenige Kontext, welcher den obersten Teil mit der Wurzel des DIT abdeckt) beschreiben. Deshalb müssen wir bei der Spezifikation der Namensauflösung (Spez. 7.6 - Spez. 7.8) den Wurzelkontext nicht separat behandeln, wie dies die Empfehlungen tun, was die Darstellung vereinfacht.

(Im übrigen gibt es viele Stellen im Standard, wo man sich eine einfachere, aber mächtigere Modellierung wünscht, z.B. bei den Operationsparametem. Wir haben im allgemeinen auf Abweichungen zum Standard verzichtet, um bei unserer Modellierung möglichst nahe bei derjenigen des Standards zu bleiben.)

Die Darstellung der Namensauflösung ist in unserer Spezifikation leicht *vereinfacht*, um die *Konzepte*, die in diesem Mechanismus realisiert sind, in den Vordergrund zu stellen. In diesem Sinne werden die (optionalen) Parameter "nextRDNToBeResolved" und "aliasedRDNs" nicht verwendet. Zudem werden die im Standard definierten Fehlerbedingungen für das Scheitern der Namensauflösung nicht unterschieden. In einem Fehlerfall misslingt die Operation "Name Resolution" in unserer Spezifikation, was durch das Fehlschlagen des Prädikats name_resolution/2 (Spez. 7.6) ausgedrückt wird.

7.8.3 Vergleich der Spezifikationsmethoden

Im Gegensatz zum Standard ist die von uns angewandte Spezifikationsmethode *deklarativ*. Die Darstellung der Operationen besitzt die in Kapitel 5 beschriebene deklarative Semantik. Im Standard sind die Operationen des Funktionsmodells eines DSA (Fig. 7.4) prozedural spezifiziert. Die Empfehlungen selbst weisen auf diesen (unbefriedigenden) Umstand hin (X.518, 18.1):

> "It is important to realize that a DSA need conform only to the externally visible behaviour implied by these procedures, and not to the procedures themselves."

(Unter "procedures" werden die Operationen des Funktionsmodells verstanden.)

Wie im Abschnitt über die Unterschiede in der Modellierung ausgeführt, ist unsere Spezifikation *exakter* als diejenige in den Empfehlungen. Ein Vergleich zeigt, dass sie auch wesentlich *kompakter* ist. Sie ist, da in Prolog geschrieben, ausführbar und erlaubt die Simulation der Namensauflösung in einem X.500-System in dem in Kapitel 6 beschriebenen Sinne. Wir sind überdies der Meinung, dass sie besser lesbar ist als der Standard. (Im letzten Punkt kann man, beeinflusst durch Präferenzen und Vorbildung, anderer Auffassung sein.)

7.8.4 Zusammenfassung

In diesem Kapitel wurde gezeigt, dass es möglich ist, die X.500-Architektur, zumindest was den ausgewählten Ausschnitt betrifft, mit Hilfe der Spezifikationssprache darzustellen. Im Vergleich zur Spezifikation in [X.500] ist unsere Darstellung exakter und kompakter, im Gegensatz zum Standard ist sie deklarativ und ausführbar. Wir sind der Meinung, dass unsere Darstellung zudem leichter lesbar und deshalb verständlicher ist als diejenige in [X.500].

8 Schlussfolgerungen

Der Ansatz für diese Arbeit, Directory-Systeme auf der Basis einer ausführbaren logischen Sprache zu spezifizieren, hat sich als fruchtbar erwiesen. Neben der Verifikation der These der Arbeit (Abschnitt 1.3) hat die Ausarbeitung dieses Ansatzes eine Fülle zusätzlicher Erkenntnisse gebracht und Aussichten auf weiterführende Forschungsvorhaben eröffnet.

Im folgenden Abschnitt werden Erfahrungen, die bei der Durchführung dieser Arbeit gemacht wurden, besprochen und die daraus gewonnen Resultate zusammengefasst. Ausgehend davon werden in einem zweiten Abschnitt Fragestellungen für weiterführende Forschungsarbeiten diskutiert.

8.1 Erfahrungen und Resultate

8.1.1 Die Definition der Architektur

Unter der Architektur eines Directory-Systems verstehen wir ein konzeptionelles Modell, das die "wesentlichsten Merkmale" eines solchen Systems enthält. Um eine übersichtliche und modulare Definition der Architektur zu erhalten, haben wir dieses konzeptionelle Modell in weitgehend unabhängige Teilmodelle gegliedert (Abschnitt 2.3), nämlich in das Informationsmodell, das Modell der Gliederung des Systems, die Strategie der Verteilung der Objekte, das Modell der Metadaten und die Sicherheitsmechanismen. Zur Festlegung der Teilmodelle haben wir eine Terminologie eingeführt, wobei wir weitmöglichst Begriffe aus der Fachliteratur verwendet und allenfalls präzisiert haben.

Ein Vergleich mit der Literatur ergibt, dass viele Beschreibungen von Directory-Systemen keine (nach unserer Definition) vollständige Darstellung der Architektur enthalten. In der Arbeit von D.B. Terry [Terry 85] beispielsweise fehlt die Behandlung der Sicherheitsaspekte, und im aktuellen internationalen Standard [X.500] ist keine Beschreibung der Mechanismen zur Verwaltung von replizierten Datenbeständen vorhanden.

Die Definition der Architektur und die Darstellung der Teilmodelle bilden ein Raster zur Beschreibung und zur Klassifikation von Directory-Systemen. Um die beiden Architekturen in Kapitel 4 und Kapitel 7 zu spezifizieren, genügen Feinheit und Umfang dieses Rasters. Zweifellos sind aber Verfeinerungen und Erweiterungen der Architekturdefinition denkbar. Betrachtet man beispielsweise den Cache einer Datenverwaltungskomponente als Gegenstand der Architektur, so verfeinern sich das funktionale Modell und die Namensauflösungsoperation der Architektur. Der Einbezug der Verwaltungsstruktur eines Directory-Systems als zusätzliches Teilmodell wäre ein Beispiel für die Erweiterung der Definition. (Verwaltungsstrukturen spielen insbesondere bei sehr grossen Systemen eine zentrale Rolle.)

8.1.2 Die Spezifikationsmethode

Mächtigkeit und Grenzen der Spezifikationssprache

Als Spezifikationssprache dient die Sprache der Hornklausellogik, welche durch Negation erweitert wird. Den in dieser Sprache erstellten Spezifikationen kann eine deklarative und eine prozedurale Semantik zugeordnet werden, deren Basis die Vervollständigung eines logischen Programms und die SLDNF-Resolution bilden (Kapitel 3). Die prozedurale Semantik bestimmt eine mögliche prozedurale Realisierung der Spezifikationen (Kapitel 5). Die Spezifikationssprache wird durch das "reine Prolog", erweitert um ein Systemprädikat für die Negation, dargestellt und ist damit ausführbar.

Grundsätzlich lassen sich mit der Spezifikationssprache (Daten)-Strukturen und Relationen zwischen diesen Strukturen durch Terme und Prädikate ausdrücken. Bei Directory-Systemen lassen sich Namen, Objekte, Metadaten usw. durch solche Strukturen darstellen. Mittels Relationen können beispielsweise Zusammenhänge zwischen Objekten und Datenfragmenten zur Festlegung der Verteilung der Objekte oder die Beziehungen zwischen funktionalen Komponenten zur Beschreibung des Systemverhaltens spezifiziert werden.

Bei der Beschreibung der Teilmodelle der Architektur hat sich herausgestellt, dass eine Einschränkung bezüglich der Vollständigkeit der Spezifikationssprache gemacht werden muss: Diejenigen Aspekte des Verhaltens eines Systems, bei denen *zeitliche Bezüge* eine Rolle spielen, lassen sich nicht vollständig darstellen. In der Sprache kann man nicht ausdrücken, ob gewisse Aktionen sequentiell oder parallel ausgeführt und wie solche Aktionen allenfalls synchronisiert werden. Dies wäre nötig, um beispielsweise Methoden des gleichzeitigen Zugriffs auf replizierte Datenbestände formal zu beschreiben. In der Literatur über Directory-Systeme sind diese Aspekte meist nur informell beschrieben. Einen Versuch, diese Einschränkung der Spezifikationsmethode zu eliminieren, bildet die Arbeit eines Studenten [Schaad 90], in der das Kommunikationsverhalten der Systemkomponenten der X.500-Architektur auf der Basis von Parlog, einer parallelen logischen Sprache, spezifiziert wird.

Darstellung der Konzepte der Architektur

Eine Spezifikationsmethode ist mit der Definition der Spezifikationssprache noch nicht festgelegt. Ein wesentlicher Bestandteil davon bildet die Abbildung der Konzepte der Architektur in die Spezifikationssprache. Diese Abbildung wurde für den Fall der Architektur nach Terry in Kapitel 5 detailliert dargestellt. Die Wahl dieser Abbildung hat Auswirkungen auf das Verständnis und die Lesbarkeit einer Spezifikation, wie in der Diskussion um die Darstellung der Operationsparameter gezeigt wurde (Abschnitt 7.6).

8.1.3 Erfahrungen bei der Spezifikation von Architekturen

Die Spezifikation zweier Architekturen

In dieser Arbeit haben wir eine Architektur aus der aktuellen Forschungsliteratur (Kapitel 4) und einen Teil der Architektur des internationalen Standards X.500 (Kapitel 7) spezifiziert.

Kapitel 4 enthält die Spezifikation einer von D.B Terry [Terry 85] entworfenen Architektur, in der bezüglich der Modellierung und Verwaltung von Metadaten wegweisende Ideen realisiert sind. Wir haben die Beschreibung dieser Architektur in Form eines Tutoriums verfasst, um aufzuzeigen, inwiefern sich die Spezifikationssprache eignet, Konzepte in kompakter Form zu entwickeln und darzustellen. Zudem konnten wir dadurch die Entwurfsentscheidungen des Systems ausführlich begründen und darstellen. Zum besseren Verständnis der Architektur haben wir überdies ein einfaches Beispielsystem eingeführt und dessen Applikations- und Metadaten in der Spezifikationssprache angegeben. Bei der Spezifikation der Architektur haben wir eine Erweiterung von Terrys Konzept der Metadaten vorgenommen (siehe Abschnitt 4.8). In Kapitel 6 haben wir am Beispiel dieser Architektur gezeigt, wie sich ein Directory-System mit spezifizierter Architektur und festgelegter Konfiguration simulieren lässt.

In einigen Jahren dürfte die Mehrzahl der in Betrieb stehenden Directory-Systeme eine X.500-Architektur aufweisen, da zahlreiche industrielle Produkte, welche diesem Standard [X.500] entsprechen (oder wenigstens als X.500-konform angekündigt werden), in naher Zukunft verfügbar sein werden. Die Beschreibung der X.500-Architektur ist wesentlich umfangreicher als diejenige von Terry. Deshalb haben wir uns in Kapitel 7 auf die Spezifikation eines Ausschnitts daraus beschränkt, nämlich auf die Darstellung der Namensauflösung und der dazu notwendigen Modelle der Objektnamen und der Metadaten dieser Architektur. Dieser Ausschnitt wurde deshalb gewählt, weil der Mechanismus der Namensauflösung charakteristisch ist für die Architektur eines Directory-Systems, da die Namensauflösung von der Art der Verteilung der Daten und der Modellierung der Metadaten mitbestimmt wird.

Unsere Modellierung der X.500-Architektur unterscheidet sich an einigen Stellen gezielt von derjenigen im Standard (Abschnitt 7.8). So ist unsere Spezifikation dieser Architektur teilweise exakter als der Standard. Dies trifft insbesondere auf die Darstellung der Metadaten zu, welche dort in natürlicher Sprache beschrieben sind und deren Darstellung Raum für Interpretationen lässt. Zudem haben wir stellenweise (z.B. bei der Beschreibung von Kontexten) eine andere Modellierung gewählt, um die Spezifikation einfacher und übersichtlicher zu gestalten. Schliesslich ist die Darstellung der Namensauflösung in unserer Spezifikation leicht vereinfacht (beispielsweise fehlen einige im Standard als optional markierte Aspekte), um die Konzepte, die in diesem Mechanismus realisiert sind, in den Vordergrund zu stellen.

Wir haben gezeigt, dass es möglich ist, zumindest den ausgewählten Ausschnitt der X.500-Architektur in unserer Spezifikationssprache darzustellen. Im Vergleich mit der Spezifikation im Standard ist unsere Darstellung exakter und kompakter, im Gegensatz dazu ist sie deklarativ und ausführbar. Wir sind der Meinung, dass unsere Darstellung zudem leichter lesbar und deshalb verständlicher ist als die Originalbeschreibung.

Die Spezifikationen der beiden ausgewählten Architekturen weisen die in Abschnitt 1.2 verlangten Eigenschaften auf. Das heisst, sie sind exakt, kompakt, (im Vergleich zu anderen Darstellungen dieser Architekturen) gut lesbar, deklarativ und ausführbar.

Das Entwickeln einer Spezifikation als iterativer Prozess

Es hat sich gezeigt, dass das Erstellen einer übersichtlichen Spezifikation ein iteratives Vorgehen erfordert. Vielfach wird eine Spezifikation beim Überarbeiten kürzer und kompakter, und oft werden dabei Fehler (inkorrekte, inkonsistente oder unvollständige Teilspezifikationen) entdeckt. So sind die Spezifikationen in Kapitel 4 und Kapitel 7 das Resultat mehrfacher Überarbeitung.

Schrittweise Entwicklung einer Spezifikation

Spezifikationen, die in einer logischen Sprache geschrieben sind, lassen sich vielfach schrittweise entwickeln. In Kapitel 4 haben wir den Mechanismus der Namensauflösung aus Prädikaten, welche die Verteilung der Objekte im System bestimmen, auf diese Weise hergeleitet (Abschnitte 4.5 und 4.6).

Klauseln repräsentieren Konzepte einer Architektur

Oft lässt sich ein Merkmal einer Architektur auf einzelne Klauseln eines Prädikats abbilden. Das Anwenden dieser Technik trägt in hohem Mass zur Modularität und Übersichtlichkeit einer Spezifikation bei.

In der Beschreibung der Namensauflösung der X.500-Architektur (Spez. 7.6) definieren die Klauseln (4) und (5) die Auflösung von Aliasnamen. Entfernt man diese zwei Klauseln zusammen mit der Definition des Aliaseintrags (Spez. 7.2) aus der Spezifikation, so erhält man die Beschreibung der X.500-Architektur ohne Alias-Konzept.

Die Ausführbarkeit einer Spezifikation hat grosse Vorteile

Die Ausführbarkeit einer Spezifikation hat sich insbesondere bei der Suche nach Spezifikationsfehlern und bei der Präsentation einer Architektur in Form eines simulierbaren und konfigurierbaren Systems als hilfreich und nützlich erwiesen. Zudem eröffnet die Ausführbarkeit neue Möglichkeiten für die Entwicklung einer Architektur.

Bei der Verifikation (Überprüfung der internen Konsistenz einer Spezifikation) können Werkzeuge einer Prolog-Entwicklungsumgebung, die beispielsweise ein Programm nach nichtbenutzten oder undefinierten Prädikaten absuchen, Hinweise auf inkorrekte oder unvollständige Spezifikationen liefern und mögliche Fehler lokalisieren. Bei der Validierung Validierung einer Spezifikationeiner Architektur (Überprüfung der Spezifikation gegenüber dem geforderten Verhalten) kann die Simulation des Systems als Hilfsmittel eingesetzt werden. Wir haben diese Methoden zur Überprüfung der Spezifikationen in Kapitel 4 und Kapitel 7 eingesetzt. Die dabei benutzten Werkzeuge wurden von M.P.J. Fromherz entwickelt [Fromherz 90]. Die erstellten Spezifikationen haben wir ausschliesslich durch Simulation validiert.

Heute stehen komfortable Prolog-Entwicklungsumgebungen zur Verfügung, die es ermöglichen, Änderungen an Spezifikationen rasch vorzunehmen und deren Auswirkungen sofort auszutesten. Diese Möglichkeiten laden dazu ein, mit der Architekturspezifikation zu experimentieren, Entwurfsentscheidungen experimentell zu überprüfen und Alternativen dazu zu untersuchen. Das Vorgehen, das dieser Art der Entwicklung einer Architektur zugrunde liegt, könnte man als "exploratives Architekturprototyping" bezeichnen.

Die Verwendung von Operatoren

Die Verwendung von Prolog-Operatoren bei der Spezifikation, einer Art "syntaktischer Zucker" [Sterling, Shapiro 86], kann zur Verständlichkeit und Lesbarkeit der Beschreibungen beitragen. In Kapitel 7 haben wir Operatoren für die Darstellung des Zugriffs auf Operationsparameter verwendet. Damit kann bei der Spezifikation einer Operation leicht zwischen dem Zugriff auf Parameter einerseits und der Angabe der abhängigen Teiloperationen anderseits unterschieden werden (siehe z.B. Fig. 7.6 und 7.7).

8.2   Fragestellungen für Forschungsarbeiten

8.2.1   Die Architektur von Directory-Systemen

Zur Zeit liegt das Schwergewicht im Bereich der Directory-Systeme auf der *Realisierung* von grossen Systemen mit bekannter Architektur. Darunter fallen verschiedene Pilot-Dienste, die ein System mit einer X.500-Architektur, beispielsweise QUIPU [Kille 88], verwenden. Die Erfahrungen aus Aufbau, Betrieb und Benutzerakzeptanz dieser Systeme werden zweifellos neue Anforderungen an die Architektur zukünftiger Directory-Systeme bestimmen.

Schon heute lässt sich jedoch auf eine grosse Zahl von Problemen hinweisen, welche die Architektur betreffen und entweder ungelöst sind oder als unbefriedigend gelöst gelten. Einige dieser Probleme werden im folgenden angeschnitten.

Namenskonventionen

Will ein Benutzer eines Directory-Systems auf ein Objekt zugreifen, gibt er dessen Namen, genauer: einen Namenskandidaten für dieses Objekt, an. Das System verifiziert den Namenskandidaten und lokalisiert das Objekt.

Eine "benutzerfreundliche" Namenskonvention erleichtert, wie in der Arbeit ausgeführt, die Identifikation eines Objektes durch einen menschlichen Benutzer. Die Realisierung einer benutzerfreundlichen Namenskonvention stellt hohe Ansprüche an die Namensauflösung der Architektur, denn der Forderung nach einer benutzerfreundlichen, flexiblen Identifikation eines Objektes steht der Wunsch nach einer effizienten Lokalisierung des Objektes bei minimaler Replikation der Metadaten des Systems gegenüber.

Eine *benutzerfreundliche Namenskonvention* könnte folgende drei Eigenschaften aufweisen:
(1) Die Reihenfolge der Namenskomponenten soll bei der Angabe eines Namenskandidaten keine Rolle spielen. Namenskomponenten dürfen fehlen, sofern die angegebenen Komponenten ein Objekt eindeutig bestimmen.
(2) Es soll möglich sein, Äquivalenzklassen von Namenskomponenten zu definieren. Die Komponenten einer Äquivalenzklasse, z.B. "Universität Zürich", "Uni ZH" oder "University of Zurich", sollen bezüglich der Namensauflösung als identisch betrachtet werden.
(3) Namenskandidaten dürfen unvollständige Namenskomponenten, welche beispielsweise durch reguläre Ausdrücke ("Uni Z*", "Hans Me?er") dargestellt werden, enthalten.
Keine uns bekannte Architektur erfüllt die oben aufgeführten Forderungen und ermöglicht gleichzeitig deren Realisierung in einem grossen verteilten Directory-System. Bei der Entwicklung einer solchen Architektur könnte man von Neufelds Arbeit [Neufeld 87] ausgehen. Darin wird eine Namenskonvention mit deskriptiven Namen verwendet, welche die Eigenschaft (1) besitzt.

Zusätzliche Forschungsarbeit ist nötig, um benutzerfreundliche Namenskonventionen zu entwickeln, die eine effiziente Realisierung in einem grossen verteilten Directory-System ermöglichen.

Metadaten

Ein weiteres Forschungsthema bildet die Suche nach einem *umfassenden Konzept für die Modellierung, Verteilung und Verwaltung der Metadaten* eines Directory-Systems. Als Grundlage hierfür könnte eine Arbeit von D.B. Terry [Terry 85] dienen, worin dieser zwei unserer Meinung nach wegweisende Vorschläge macht, nämlich
- die Meta- und Applikationsdaten bei der Bildung von Objekten strikte zu trennen, und
- die Metadaten prinzipiell auf dieselbe Weise zu modellieren und zu verwalten wie die Applikationsdaten.

Terry hat den obigen Ansatz nicht vollständig ausgearbeitet. Neuere Architekturen, z.B. diejenige in der zitierten Arbeit von Neufeld oder im Standard ([Neufeld 87], [X.500]), haben seine Vorschläge teilweise aufgegriffen, zeigen aber insgesamt keine befriedigende Lösung des Problems auf.

8.2.2 Die Spezifikationsmethode

Erweiterungen der Spezifikationssprache

Wie in Abschnitt 8.1 ausgeführt, können mit der von uns definierten Spezifikationssprache keine zeitlichen Bezüge ausgedrückt werden. Aus diesem Grunde lassen sich gewisse Aspekte der Architektur eines Directory-Systems, beispielsweise der Mechanismus des gleichzeitigen Zugriffs auf replizierte Datenbestände, nicht vollständig spezifizieren. Zur Eliminierung dieses Nachteils könnte man die Spezifikationssprache durch *Konzepte paralleler logischer Sprachen*, welche die Beschreibung paralleler Systeme gestatten, geeignet erweitern. Die Realisierung solcher Konzepte findet man in Programmiersprachen wie Concurrent Prolog, Parlog oder GHC. (Eine gute Einführung in diese Sprachfamilie stammt von E. Shapiro [Shapiro 89].) Wie die von uns verwendete Spezifikationssprache sollte auch die erweiterte Sprache ausführbar sein. Dies ist gegeben, wenn sich deren Konstrukte in einer parallelen logischen Programmiersprache darstellen lassen.

Anwendung von Resultaten der logischen Programmierung

Erkenntnisse in den Wissenschaften werden oft dadurch gewonnen, dass Konzepte oder Methoden, die in einem Gebiet entwickelt und erprobt wurden, in geeigneter Weise auf ein anderes Gebiet übertragen werden. Dabei gilt es, die richtigen Aspekte hervorzuheben und andere zu vernachlässigen, um den Eigenheiten beider Gebiete Rechnung zu tragen. Der Ansatz zu dieser Arbeit kann als Versuch gewertet werden, Erkenntnisse aus dem Gebiet der logischen Programmierung in geeigneter Weise auf die Beschreibung von Directory-Systemen zu übertragen und dort anzuwenden. Unserer Meinung nach liegt im Bereich der logischen Programmierung noch ein grosses Anwendungspotential, das für die Spezifikation von Systemen genutzt werden könnte.

So sind derzeit Forschungsaktivitäten auf dem Gebiet der logischen Programmierung im Gange, die im Hinblick auf eine Anwendung im Kontext dieser Arbeit interessant sind. Zwei Hinweise sollen dies illustrieren. Methoden der sogenannten *Metaprogrammierung* könnten für die Überprüfung oder Transformation von Spezifikationen angewandt werden. In dieselbe Richtung zielt unser Vorschlag, Metaprogramme zu schreiben, die zur Simulation eines Systems eingesetzt werden können (Abschnitt 6.3). Im weiteren könnte man versuchen, Werkzeuge, welche gegenwärtig für die Fehlersuche in deklarativen logischen Programmen ("declarative error diagnosis" [Lloyd 87]) entwickelt werden, zur Lokalisierung von Spezifikationsfehlern zu benutzen.

Andere Anwendungsbereiche für die Spezifikationsmethode

Den Ausgangspunkt für die vorliegende Arbeit bildete ein konkretes Problem aus dem Gebiet der Kommunikationssysteme. Es bestand darin, eine Methode zur Beschreibung von Directory-Systemen, welche gewissen Bedingungen genügt, zu finden und zu erproben. Da ein allgemeiner Ansatz zur Lösung dieses Problems gewählt wurde, lässt sich die eingeführte Spezifikationsmethode prinzipiell auch auf die Beschreibung anderer Computersysteme (mit den erwähnten Einschränkungen) anwenden.

So könnte man die *Architektur von Meldungsübermittlungssystemen* in analoger Weise spezifizieren. Auf einen Aspekt soll in diesem Zusammenhang näher eingegangen werden. In der vorliegenden Arbeit wurde gezeigt, wie die Namensauflösung eines Directory-Systems in kompakter und übersichtlicher Form entwickelt und dargestellt werden kann. Diese Operation weist in formaler Hinsicht viele Gemeinsamkeiten mit dem *Routing-mechanismus* eines Meldungsübermittlungssystems auf [Comer, Peterson 87]. Bei einigen Systemen, z.B. EAN [Neufeld 87 a] oder Unix Mail/Sendmail [Allmann 84], wird der Routingmechanismus mit Hilfe eines schwer verständlichen regelbasierten Systems spezifiziert und konfiguriert. (Sendmail ist ein besonders abschreckendes Beispiel für eine verwirrende Darstellung!) Wahrscheinlich lassen sich die Routingmechanismen dieser Systeme mit der von uns benutzten Spezifikationssprache wesentlich lesbarer und verständlicher darstellen. (Übrigens ist das Routing von Meldungen im aktuellen Standard für Meldungsübermittlungssysteme [X.400] nicht spezifiziert.)

Literatur

Das Verzeichnis der Literatur zu dieser Arbeit ist in mehrere Abschnitte unterteilt. Im ersten Abschnitt sind Literaturreferenzen zum Themenkreis "Directory-Systeme" aufgeführt. In diesem Abschnitt sind zusätzliche Referenzen zu finden, die in der Arbeit nicht zitiert werden. Nachfolgende Abschnitte enthalten Literaturhinweise aus den Gebieten "logische Programmierung", "Kommunikation" und "Datenbanken". Im letzten Abschnitt sind die referenzierten Kommunikationsstandards aufgeführt. Die Empfehlungen der CCITT sind gesamthaft in [CCITT 89] publiziert. Auf die Angabe der entsprechenden ISO-Dokumentenbezeichnungen wurde wenn möglich verzichtet. Diese Angaben findet man beispielsweise in [SIGCOMM 89].

Directory-Systeme

[Benford 88]
S. Benford: Navigation and Knowledge Management within a Distributed Directory System, Proceedings of the IFIP TC 6/WG 6.5 Working Conference on Message Handling Systems and Distributed Applications, California, USA, 1988, in: E. Stefferud et al. (edts): Message Handling Systems and Distributed Applications, North-Holland, 1989

[Birrel et al. 82]
A. D. Birrel, R. Levin, R. M. Needham, M. D. Schroeder: Grapevine: An Exercise in Distributed Computing, Communications of the ACM, 25 (4), April 1982

[Birrel et al. 86]
A. D. Birell, B.W. Lampson, R. M. Needham, M. D. Schroeder: A Global Authentication Service without Global Trust, Proceedings 1986 IEEE Symposium on Security and Privacy, April 1986

[Burkhardt 89]
P. Burkhardt: Spezifikation und Simulation von X.500-Systemen in Prolog, Diplomarbeit, ETH Zürich, Institut für Informatik, 1989

[Cheriton, Mann 89]
D. R. Cheriton, T. P. Mann: Decentralizing a Global Naming Service for Improved Performance and Fault Tolerance, ACM Transactions on Computer Systems, Vol. 7, Nr. 2, May 1989

[Comer, Peterson 87]
D. E. Comer, L. L. Peterson: A Model of Name Resolution in Distributed Systems, IEEE 6th International Conference on Distributed Computing Systems, Cambridge, Massachusetts, 1986

[Gopal, Segall 90]
I. Gopal, A. Segall: Directories for Networks with Casually Conected Users, Computer Networks and ISDN Systems, Nr. 18, 1990

[Grosjean 88]
P. Grosjean: Ein Simulator für verteilte Verzeichnisdienst-Systeme, Diplomarbeit, ETH Zürich, Institut für Informatik, 1988

[Harrenstein, White 82]
K. Harrenstein, E. Feinler, M. Stahl: NICNAME/WHOIS, Network Information Center, SRI International, RFC 954, Okt. 1985

[Harrenstein et al. 82]
K. Harrenstein, E. Feinler, M. Stahl: Hostnames Server, Network Information Center, SRI International, RFC 953, Okt. 1985

[ISO/CCITT 86] ISO, CCITT: ISO/CCITT Directory Convergence Document #1-7, ISO/TC 97/SC 21 N1231-2137, Melbourne, April 1986

[Kille 88] S. E. Kille: The QUIPU Directory-Service, IFIP 6.5 International Working Conference on Message Handling Systems and Distributed Applications, North Holland Publishing Company, October 1988

[Kille 89] S. E. Kille: The Obviously Required Name-server (THORN); The THORN X.500 Naming Architecture, UCL, London, January 1989

[Lampson 86] B. W. Lampson: Designing a Global Name Service, Proceedings of the Fifth Annual ACM Symposium on the Principles of Distributed Computing (Calgary, August 11-13), 1986, ACM New York, 1986

[Landweber et al. 83] L. Landweber, M. Litzkow, D. Neuhengen, M. Solomon: Architecture of the CSNET Name Server, Proceedings ACM SIGCOMM ´83 Symposium, Austin, Texas, March 1983,

[Lantz et al.86] K.A. Lantz, J.L. Edinghoffer, B.L. Hitson: Towards a Universal Directory Service, 4th PODC Conference Proceedings, Stanford, ACM, 1985

[Lindsay 81] B. Lindsay: Object naming and catalog management for a distributed database manager, Proceedings Second International Conference on Distributed Computing Systems, Paris, April 1981

[Lindsay et al. 84] B. G. Lindsay, L.M. Haas, C. Mohan, P.F. Wilms, R.A.Yost: Computation and communication in R*: A distributed database manager, ACM Transactions on Computer Systems 2(1), Februar 1984

[Mockapetris 84] P. V. Mockapetris: The Domain Name System, in: Computer-Based Message Services, Elsevier Science Publishers B.V. (North Holland), 1984

[Neufeld 87] G. Neufeld: A Name Service for Widely Distributed Computing Environments, Ph.D. Thesis, University of Waterloo, Ontario, 1987

[Neufeld 89] G. Neufeld: Descriptive Names in X.500, Proceedings of the SIGCOMM '89 Symposium, Austin, Texas, September 1989, in: ACM Computer Communications Review, Vol. 19, Nr. 4, September 1989

[Oppen, Dalal 83] D. C. Oppen, Y. K. Dalal: The Clearinghouse: A Decentralized Agent for Locating Named Objects in a Distributed Environment, ACM Transactions on Office Automation Systems 1(3), July 1983

[Peterson 85] L. L. Peterson: Naming Users in a Heterogeneous Internet: Framework for a new Approach, TR 85-28, The University of Arizona, November 1985

[Peterson 88] L. L. Peterson: The Profile Naming Service, ACM Transactions on Computer Systems, Vol. 7, Nr. 4, November 1988

[Peterson 89] L. L. Peterson: An Overview of UNP, ACM Computer Communication Review, Vol. 19, Nr. 2, April 1989

[Plattner et al. 87] B. Plattner, T. Lenggenhager, R. Stadler, A. Zogg: The ISO/CCITT Directory Service as a Distributed Database: Data models, IFIP 6.5 International Working Conference on Message Handling Systems, Munich April 1987

[Plattner, Zogg 88] B. Plattner, A. Zogg: A Concurrency Control Scheme for Distributed Directory Systems, Fachberichte des Instituts für Informatik der ETH Zürich, Oktober 1988

[Prinz 88] W. Prinz: Directory Services in the Office, GMD, 5205 Sankt Augustin, West Germany, October 1988

[Santo, Tschichholz 86] H. Santo, M.Tschichholz (Editors): VERDI - A Distributed Directory System for the German Research Network, Deutsches Forschungsnetz (DFN), March 1986

[Schaad 90] R. Schaad: Specification and Simulation of Interaction Modes in X.500 Directory Services using Parlog Executable Specifications, Semesterarbeit, Institut für Informatik, Universität Zuerich, 1990

[Saltzer 78] J. H. Saltzer: Naming and Binding Objects, in: Lecture Notes in Computer Science, 60, Springer 1978

[Schoch 78] J. Schoch: Inter-network Naming, Addressing, and Routing, COMPCON Proceedings, IEEE , Fall 1978

[Segall, Gopal 89] A. Segall, I.S. Gopal: Distributed Name Assignement in Computer Networks, Computer Networks and ISDN Systems, Vol. 17, Nr. 2, 1989

[Schroeder et al. 84] M.D. Schroeder, A.D. Birrell, R.M. Needham: Experience with Grapevine, ACM Transactions on Computer Systems 2 (1), Feb. 1984

[Sheltzer et al. 87] A. B. Sheltzer, R. Lindell, G. J. Popek: Name Service Locality and Cache Design in a Distributed Operating System, IEEE 6th International Conference on Distributed Computing Systems, Cambridge, Massachusetts, 1986

[Sollins 85] K. Sollins: Distributed Name Management, Ph.D. Thesis, Massachusetts Institute of Technology, 1985

[Sollins, Clark 87] K.R. Sollins, D.D. Clark: Distributed Name Managenemt, IFIP 6.5 International Working Conference on Message Handling Systems, Munich, April 1987

[Solomon et al. 82] M. Solomon, L. H. Landweber, D. Neuhengen: The CSNET Name Server, Computer Networks 6(3), 1982

[Stadler 90] R. Stadler: Die Architektur von Directory-Systemen, Bericht Nr. 90.05 des Instituts für Informatik der Universität Zürich, 1990

[Terry 84] D. B. Terry: An Analysis of Naming Conventions for Distributed Computer Systems, Proc. SIGCOMM '84 Symposium on Communications Architectures and Protocols, ACM, June, 1984

[Terry et al. 84] D. B. Terry, M. Painte, D. Riggle, S.Zhou: The Berkeley Internet Name Domain Server, Proceedings USENIX Summer Conference, Salt Lake City, Utah, June 1984

[Terry 85] D. B. Terry: Distributed Name Servers: Naming and Caching in Large Distributed Environments, Ph.D. Thesis, XEROX PARC, Report No. CSL-85-1, February 1985

[Terry 86] D. B. Terry: Structure-free Name Management for Evolving Distributed Environments, IEEE 6th International Conference on Distributed Computing Systems, Cambridge, Massachusetts, 1986

[Sheltzer et al. 86] A. B. Sheltzer, R. Lindell, G. J. Popek: Name Service Locality and Cache Design in a Distributed Operating System, IEEE Proceedings 6th International Conference on Distributed Computing Systems, 1986

[White 84] J. E. White: A User-friendly Naming Convention for Use in Communication Networks, in : Computer-Based Message Services Elsevier Science Publishers B.V. (North Holland), 1984

[Zatti, Janson 88] S. Zatti, P. Janson: Interconnecting Heterogeneous Networks to OSI with a Global Naming Scheme and Gateway Address Mapping, Proceedings of 1988 International Zurich Seminar in Digital Communications, ETH Zurich Switzerland, 1988

logische Programmierung

[Cohen 88] Jacques Cohen: A View of the Origins and Development of Prolog, Communications of the ACM, Vol. 31, Nr. 1, January 1988

[Fromherz 90] M.P.J. Fromherz: Software Development with Prolog, Bericht Nr. 90.07 des Instituts für Informatik der Universität Zürich, 1990

[Kowalski 79] R. Kowalski: Logic for Problem Solving, Elsevier Science Publishing Co. Inc., 1979

[Lloyd 87] J.W. Lloyd: Foundations of Logic Programming; Second, Extended Edition, Springer-Verlag, 1987

[LPA 90] Logic Programming Associates Ltd.: LPA Mac Prolog, Reference Manual, Release 3.0, London, UK, 1990

[Shapiro 89] E. Shapiro: The Family of Concurrent Logic Programming Languages, ACM Computing Surveys, Vol. 21, Nr. 3, September 1989

[Shepherdson 88] J. C. Shepherdson: Negation in Logic Programming, in: J. Minker (ed.): Foundations of Deductive Databases and Logic Programming, Morgan Kaufmann Publishers, Inc., Los Altos CA, 1988

[Sterling, Shapiro 86] L. Sterling, E. Shapiro: The Art of Prolog, MIT Press, 1986

[Suzuki 86] N. Suzuki: Experience with Specification and Verification of a Complex Computer Using Concurrent Prolog, in: M. van Caneghem, D. H.D. Warren (Editors), Logic Programming and its Applications, Ablex Publishing Corporation, Norwood, New Yersey, 1986

[Ural 90] H. Ural: Specifications of Distributed Systems in Prolog, Journal of Systems and Software, Vol. 11, Nr 2, February 1990

Kommunikation

[Allmann 84] E. Allmann: SENDMAIL - An Internetwork Mail Router, in: Unix 4.2BSD System Documentation, University of California at Berkeley, 1984

[Catlett 89] C. E. Catlett: The NFSNET: Beginnings of a National Research Internet, Academic Computing, January 1989

[CCITT 89] CCITT: CCITT Blue Book, ITU, Geneva 1989

[Hinden et al. 83] R. Hinden, J. Haverty, A. Sheltzer: The DARPA Internet: Interconnecting Heterogeneous Computer Networks with Gateways, Computer, 16(9), September 1983

[McQuillan, Walden 77] J. M. McQuillan, D. C. Walden: The ARPA Network Design Decisions, Computer Networks, Vol.1, August 1977

[Neufeld et al. 85] G. Neufeld, J. Demco, B. Hilbert, R. Sample: EAN: An X.400 Message System, Second International Symposium on Computer Message Systems, North Holland, Washington, September 1985

[Neufeld 87 a] G. Neufeld: The EAN Distributed Message System, User's Manual and Administrator's Guide, Version 2.1, University of British Columbia, 1987

[Plattner et al. 89] B. Plattner, C. Lanz, H. Lubich, M. Müller, T. Walter: Elektronische Post und Datenkommunikation; X.400: Die Normen und ihre Anwendung, Addison-Wesley, 1989

[Quarterman, Hoskins 86] J. S. Quarterman, J. C. Hoskins: Notable Computer Networks, Communications of the ACM, Vol. 29, Nr. 10, Oct. 1986

[Quarterman 90] J.S. Quarterman: The Matrix, Computer Networks and Conferencing Systems Worldwide, Digital Press, 1990

[Slonim et al. 87] J. Slonim, Abraham Schonbach, M. A. Bauer, L. J. MacRae, K. A. Thomas: Building an Open System, Van Nostrand Reinhold Company Inc., New York, 1987

[SIGCOMM 89] Special Interest Group on Data Communication (SIGCOMM): Status of OSI Standards: ACM Computer Communication Review, Vol. 19, Nr. 2, 1989

[Switch 87] Switch: Das Schweizerische Hochschulnetz SWITCH, Schweizerische Hochschulkonferenz, CICUS, September 1987

Datenbanken

[Ceri, Pelagatti 85] S. Ceri, G. Pelagatti: Distributed Databases, Principles and Systems, Mc Graw-Hill Computer Science Series, 1985

[Date 86] C.J. Date: An Introduction to Database Systems, Volumes I and II, Addison-Wesley Publishing Company 1985

[Zehnder 87] C.A Zehnder: Informationssysteme und Datenbanken, Verlag der Fachvereine an den Schweizerischen Hochschulen und Techniken, Zürich 1987

Andere Bereiche

[Brockhaus 71] Brockhaus: Enzyklopädie in zwanzig Bänden, F.A. Brockhaus, Wiesbaden 1971

[Diffie, Hellman 76] W. Diffie, M. E. Hellman: New Directions in Cryptography, IEEE Transactions on Information Theory, IT-22, No. 6, November 1976

[Fromherz 89] M.P.J. Fromherz: A Survey of Executable Specification Methodologies, Bericht Nr. 89.05 des Instituts für Informatik der Universität Zürich, 1989

[Rivest et al. 78] R.L. Rivest, A. Shamir, L. Adleman: A Method for Obtaining Digital Signatures and Public-Key Cryptosystems, Communications of the ACM, Vol. 21, Nr. 2, February 1978

Standards

[Z.100] Specification and Description Language SDL

[X.200] OSI Reference Model

[X.208] OSI Specification of Abstract Syntax Notation One (ASN.1)

[X.218] Reliable Transfer: Model and Service Definition

[X.219] Remote Operations: Model, Notation and Service Definition

[X.400] MHS: System Model - Service Elements

[X.500] The Directory

[ISO 9074] ESTELLE - A Formal Description Technique Based on an extended State Transition Model

[ISO 8807] LOTOS - A Formal Description Technique Based on the Temporal Ordering of Observational Behaviour

Index

Band 240: D. Tavangarian, Flagorientierte Assoziativspeicher und -prozessoren. XII. 193 Seiten. 1990.

Band 241: A. Schill, Migrationssteuerung und Konfigurationsverwaltung für verteilte objektorientierte Anwendungen. IX, 174 Seiten. 1990.

Band 242: D. Wybranietz, Multicast-Kommunikation in verteilten Systemen. VIII, 191 Seiten. 1990.

Band 243: U. Hahn, Lexikalisch verteiltes Text-Parsing. X, 263 Seiten. 1990.

Band 244: B. R. Kämmerer, Sprecherunabhängigkeit und Spracheradaption. VIII, 110 Seiten. 1990.

Band 245: C. Freksa, C. Habel (Hrsg.), Repräsentation und Verarbeitung räumlichen Wissens. VIII, 353 Seiten. 1990.

Band 246: Th. Bräunl, Massiv parallele Programmierung mit dem Parallaxis-Modell. XII, 168 Seiten. 1990

Band 247: H. Krumm, Funktionelle Analyse von Kommunikationsprotokollen. IX, 122 Seiten. 1990.

Band 248: G. Moerkotte, Inkonsistenzen in deduktiven Datenbanken. VIII, 141 Seiten. 1990.

Band 249: P. A. Gloor, N. A. Streitz (Hrsg.), Hypertext und Hypermedia. IX, 302 Seiten. 1990.

Band 250: H. W. Meuer (Hrsg.), SUPERCOMPUTER '90. Mannheim, Juni 1990. Proceedings. VIII, 209 Seiten. 1990.

Band 251: H. Marburger (Hrsg.), GWAI-90. 14th German Workshop on Artificial Intelligence. Eringerfeld, September 1990. Proceedings. X, 333 Seiten. 1990.

Band 252: G. Dorffner (Hrsg.), Konnektionismus in Artificial Intelligence und Kognitionsforschung. 6. Österreichische Artificial-Intelligence-Tagung (KONNAI), Salzburg, September 1990. Proceedings. VIII, 246 Seiten. 1990.

Band 253: W. Ameling (Hrsg.), ASST '90. 7. Aachener Symposium für Signaltheorie. Aachen, September 1990. Proceedings. XI, 332 Seiten. 1990.

Band 254: R. E. Großkopf (Hrsg.), Mustererkennung 1990. 12. DAGM-Symposium, Oberkochen-Aalen, September 1990. Proceedings. XXI, 686 Seiten. 1990.

Band 255: B. Reusch, (Hrsg.), Rechnergestützter Entwurf und Architektur mikroelektronischer Systeme. GME/GI/ITG-Fachtagung, Dortmund, Oktober 1990. Proceedings. X, 298 Seiten. 1990.

Band 256: W. Pillmann, A. Jaeschke (Hrsg.), Informatik für den Umweltschutz. 5. Symposium, Wien, September 1990. Proceedings. XV, 864 Seiten. 1990.

Band 257: A. Reuter (Hrsg.), GI-20. Jahrestagung I. Stuttgart, Oktober 1990. Proceedings. XVIII, 602 Seiten. 1990.

Band 258: A. Reuter (Hrsg.), GI-20. Jahrestagung II. Stuttgart, Oktober 1990. Proceedings. XVIII, 602 Seiten. 1990.

Band 259: H.-J. Friemel, G. Müller-Schönberger, A. Schütt (Hrsg.), Forum '90 Wissenschaft und Technik. Trier, Oktober 1990. Proceedings. XI, 532 Seiten. 1990.

Band 260: B. J. Frommherz, Ein Roboteraktionsplanungssystem. XI, 134 Seiten. 1990.

Band 261: W. Zimmermann, Automatische Komplexitätsanalyse funktionaler Programme. VII, 194 Seiten. 1990.

Band 262: W. Gerth, P. Baacke (Hrsg.), PEARL 90 - Workshop über Realzeitsysteme. 11. Fachtagung, Boppard, November 1990. Proceedings. X, 187 Seiten. 1990.

Band 263: H. Eckhardt, Entwurfstransaktionen für modulare Objektsysteme. VIII, 144 Seiten. 1990.

Band 264: T. Härder, H. Wedekind, G. Zimmermann (Hrsg.), Entwurf und Betrieb verteilter Systeme. Fachtagung, Dagstuhl, September 1990. Proceedings. XII, 283 Seiten. 1990.

Band 265: U. Herrmann, Mehrbenutzerkontrolle in Nicht-Standard-Datenbanksystemen. VIII, 183 Seiten. 1991.

Band 266: R. Cunis, A. Günter, H. Strecker (Hrsg.), Das PLAKON-Buch. VIII, 279 Seiten. 1991

Band 267: W. Effelsberg, H. W. Meuer, G. Müller (Hrsg.), Kommunikation in verteilten Systemen. GI/ITG-Fachtagung, Mannheim, Februar 1991. Proceedings. X, 589 Seiten. 1991.

Band 268: J. Raczkowsky, Multisensordatenverarbeitung in der Robotik. X, 168 Seiten. 1991.

Band 269: G. Hommel (Hrsg.), Prozeßrechensysteme '91. Berlin, Februar 1991. Proceedings. XIV, 449 Seiten. 1991.

Band 270: H.-J. Appelrath (Hrsg.), Datenbanksysteme in Büro, Technik und Wissenschaft. GI-Fachtagung, Kaiserslautern, März 1991. Proceedings. XIII, 507 Seiten. 1991.

Band 271: A. Pfitzmann, E. Raubold (Hrsg.), VIS '91, Verläßliche Informationssysteme. GI-Fachtagung, Darmstadt, März 1991. Proceedings. VIII, 355 Seiten. 1991.

Band 272: R. Grebe, C. Ziemann, Parallele Datenverarbeitung mit dem Transputer. Aachen, September 1990. Proceedings. X, 300 Seiten 1991.

Band 273: M. Timm (Hrsg.), Requirements Engineering '91. VIII, 208 Seiten. 1991.

Band 274: R. Denzer, H. Hagen, K.-H. Kutschke (Hrsg.), Visualisierung von Umweltdaten. Workshop, Rostock, November 1990. Proceedings. VII, 97 Seiten. 1991.

Band 276: H. Maurer (Hrsg.), Hypertext / Hypermedia '91. Tagung der GI, SI und OCG, Graz, Mai 1991. Proceedings. VIII, 299 Seiten. 1991.

Band 277: U. Borgolte, Flexible, realzeitfähige Kollisionsvermeidung in Mehrroboter-Systemen. XIII, 105 Seiten. 1991.

Band 278: H. W. Meuer (Hrsg.), SUPERCOMPUTER '91. Proceedings. VIII, 266 Seiten. 1991.

Band 279: G. Schwichtenberg (Hrsg.), Organisation und Betrieb von Informationssystemen. 9. GI — Fachgespräch über Rechenzentren, Dortmund, März 1991. Proceedings. IX, 337 Seiten. 1991.

Band 280: B. Westfechtel, Revisions- und Konsistenzkontrolle in einer integrierten Softwareentwicklungsumgebung. X, 321 Seiten. 1991.

Band 281: W. Emde, Modellbildung, Wissensrevision und Wissensrepräsentation im Maschinellen Lernen. XI, 204 Seiten. 1991.

Band 282: P. Buchholz, Die strukturierte Analyse Markovscher Modelle. VII, 192 Seiten. 1991.

Band 283: M. Dal Cin, W. Hohl (Hrsg.), Fault-Tolerant Computing Systems. 5th International GI/ITG/GMA Conference, Nürnberg, September 1991. Proceedings. XII, 425 Seiten. 1991.

Band 284: R. Stadler, Ausführbare Spezifikation von Directory-Systemen in einer logischen Sprache. X, 142 Seiten. 1991.

Band 285: T. Christaller (Hrsg.), GWAI-91. 15. Fachtagung für Künstliche Intelligenz, Bonn, September 1991. IX, 273 Seiten. 1991.

Band 286: A. Lehmann, F. Lehmann (Hrsg.), Messung, Modellierung und Bewertung von Rechensystemen. 6. GI/ITG-Fachtagung, Neubiberg, September 1991. Proceedings. VIII, 338 Seiten. 1991.

Band 287: H. Kaindl (Hrsg.), 7. Österreichische Artificial-Intelligence-Tagung, Wien, September 1991. Proceedings. VIII, 180 Seiten. 1991.